KB079324

나

그　리　고

몽　　　골

2 0 대

전 부 를

몽 골 과

맞 바 꾼

나

그 리 고

몽 골

글 / 사 진 **최 선 미**

Life story

2 0

0 9

몽골?

"안녕하십니까. 중고등부 캠프가 8월 16일부터 8월 23일까지 있습니다. 관심 있으신 학부모님들께서는 접수해 주시기 바랍니다."

그 광고를 듣는 순간 친구의 아버지와 우리 아버지는 두 눈이 마주쳤고 흔쾌히 보내기로 마음먹었다 했다. 아버지가 나를 몽골에 보내려고 했던 취지는 의외로 간단했다. 그 당시 몽골의 시골은 한국의 1960~1970년대 모습을 가지고 있을 정도로 열악해서 그 환경을 체험해 보고, 아빠의 어린 시절과 비슷한 삶을 이해하는 시간을 갖기를 원했던 것이다. 열악하지만 그곳에서 열심히 살고 있는 현지 사람들을 보며 느끼고 오라는 것. 어느 날 아버지는 나를 불러 물었다.

"선미야, 몽골 갈래?"

"거기가 어딘데? 근데 재밌겠다. 나 해외 한 번도 안 가 봤잖아요."

"중고등부 캠프가 있대. 일주일 정도인 거 같아."

"아 참, 근데 선생님한테 뭐라고 하지? 나 고3인데… 괜찮을까?"

"그건 아빠가 담임선생님 찾아뵙고 말씀드려 볼게."

먼저 나에게 물어보신 후 아버지가 그다음 한 일은 고3 담임선생님을 만나는 것이었다.

"선생님, 저의 어렸을 때의 환경을 선미가 고등학교 나이 때 몽골이라는 나라를 통해서 간접적으로나마 체험하면 배울 점이 너무 많다고 생각해서 몽골을 보내려 합니다."

"아버님, 선미 고3이에요…."

"아, 예. 고3 맞죠. 그래도 저는 선미가 정말 어려웠던 시기의 한국을 몽골에 가서 느끼고 지금 참 좋은 나라가 되었고 풍요로운 나라로 발전했구나를 배우고 온다면 인생의 크나큰 전환점이 될 수도 있고 학교 공부도 물론 중요하겠지만 몸소 체험하고 옴으로써 앞으로 우리 선미가 세상을 살아가는 데에 추억이 되고 가치 있는 일이 되지 않을까 싶습니다. 그리고 선미가 고3이다 보니 조금 걱정을 하더라고요. 선생님께서 격려와 응원 좀 부탁드립니다."

이야기 끝에 담임선생님은 존경스러운 눈빛으로 대답했다고 했다.

"아버님 정말 대단하시네요. 그렇게 깊은 뜻이 담겨 있을 줄이야. 딸을 생각하는 마음과 사랑이 가득하신 것 같아요. 이런 부모님이 또 계실까요…."

선생님은 쉬는 시간에 잠깐 교무실로 오라고 하셨다. TV에서만 보던 교무실 호출… 무슨 말씀을 하실까 약간 긴장됐었다. 사실 나는 속으로 눈치가 많이 보였었다. 공부 실력도 상위권이 아니었고 지금 한창 입시 준비할 시기인데 게다가 몽골을 간다고 하면 뭐라고 생각하실까. 나는 우물쭈물 선생님 자리로 갔다.

"선생님, 저 왔어요."

"어, 선미야 몽골 간다며~"

"아… 네… 선생님 근데 저 가도 돼요?"

"아버님이 오늘 다녀가셨어. 너보다 아버지가 너 몽골 가는 걸 더 좋아하시는 것 같더라. 조심히 잘 다녀오고 선생님이 자율학습으로 해서 결석은 아닌 걸로 할게. 너희 아버님이 보내고 싶어 하시는데 선생님이 뭐라고 못 가게 하겠어."

"정말요? 감사합니다, 선생님. 잘 다녀올게요!"

나는 한편으로 '우리 아빠 대단하다'라는 생각과 함께 난생처음 해외여행 간다는 생각에 마냥 들떠 있었다. 한편 어머니는 좀 더 현실적이었다. 그 당시 캠프 비용은 180만 원 정도였고 그 돈을 어떻게 마련할지 고민이었다고 했다. 그에 대한 해결은 이러했다. 우리 아버지는 9남매셨고 가족들에게 이 사실을 알려서 한 사람당 20만 원씩 지원해 준다면 얼추 준비되지 않을까, 라는 생각이셨다. 그리하여 큰아버지, 고모부 외 친척분들이 도와주셔서 몽골로 가는 만반의 준비는 끝나가고 있었다. 이 여행이 내 인생을 송두리째 바꿔놓을 거라는 건 상상도 못한 채.

어렸을 때부터 부모님은 무작정 '공부해라'라고 말씀하지 않으셨다. 그저 내가 하고 싶은 걸 하게 해 주셨고 나는 고등학교 3년 동안 학원을 다니거나 과외를 해 본 적이 없다. 그래서 그런지 아버지의 몽골 추천에 고3임에도 불구하고 전혀 마음에 거리낌이 없었다. 나는 흔쾌히 간다고 했고 다만 첫 해외여행이기 때문에 다소 경험이 부족할 뿐이었다. 그 당시 이민 가방이 없어서 고민이었는데 아버지가 아파트관리실에 일하게 됐을 때였다. 재활용할 수 있는 쓰레기장에서 골프가방과 이민가방이 버려져 있었던 것이다. 그걸 주워 와 닦아서 짐을 넣고 첫 해외를 나갔던 나였다. 이민가방이 얼마나 컸던지 사람들은 나 한 번, 가방 한 번 쳐다봤고 오늘 저녁 그 안에서 잘 거냐며 물어보던 사람도 있었다. 그리고 해외여행에는 역시 디지털카메라 아닌가. 난생처음 디지털카메라가 내 손에 들어왔다. 또 몽골은 자외선도 워낙 세고 물도 귀한 나라라고 하여 선크림, 물티슈를 필요 이상 사재기해서 갔었다. 생애 첫 여권도 만들었다. 아빠는 몽골에 가는 게 처음이자 마지막이라 생각하고 1년 여권을 만들라고 했었다. 나도 아무 생각 없이 '여권사진은 귀가 나와야 하는구나.' 정도만 신기해했었다. 그렇게 나름 우여곡절 끝에 밟게 된 첫 외국 땅은 드넓은 대초원의 나라, 몽골이었다.

누구세요?

나는 어릴 때부터 줄곧 이사를 해 왔다. 내가 다닌 초등학교만 해도 4개이다. 항상 전학생 이름표가 나를 따라다녔고 누르면 바로 나올 정도로 전학생 인사 멘트는 항상 준비되어 있었다. 중학교도 2개가 될 뻔했지만 고모 댁에 1년 사는 걸 선택하면서 전학생을 면했다. 그래서 지금까지 이사 횟수는 총 20번 이상. 몽골로 왔다 갔다 한 횟수까지 합치면 30번 정도는 될 것 같다. 옛날에는 초등학교를 졸업하면 학교생활 통지표라는 걸 각 가정에 주었었다. 신기하게도 나는 초등학교 1학년 때부터 6학년 때까지의 생활통지표를 버리지 않고 모아놓았다. 제일 첫 번째 입학한 학교가 서울 유현초등학교 1학년 4반이었는데 발이 달렸나 그것만 사라지고 없었다.

1998학년도 2학기 부천 중원초등학교
제1학년 2반 43번 최선미

등하교 길의 안전한 행동을 알아 실천하고 질문을 던지면 충분히 생각하여 발표함. 자기에게 주어진 일을 끝까지 실천하고 일을 차분히 추진하는 태도가 바람직함

1999학년도 광주 계림초등학교

제2학년 4반 70번 최선미

1학기: 자기의 맡은 역할을 잘 처리하고 있으며 성격이 차분하고 깔끔한 성격으로 바른 행동을 지속적으로 실천합니다.

2학기: 심성이 곱고 착하며 자기보다 약한 친구를 도울 줄 알고 학용품을 잘 나누어 씁니다.

2000학년도

제3학년 3반 64번 최선미

음악과 멜로디언 연주를 잘하고 적극 참여합니다. 책을 많이 읽는 편이며 독서록 쓰기를 잘합니다. 언행이 바르고 항상 모든 일에 최선을 다하며 친구들과 잘 어울립니다. (특기사항 개근)

2001학년도

제4학년 5반 62번 최선미

1학기: 다장조의 주요 3화음을 가락악기로 바르게 연주합니다. 한자를 잘 읽고 쓸 줄 압니다. 항상 용의가 단정하며 침착하게 주변 정리 정돈을 잘 합니다.

2학기: 주어진 4마디의 가락에 어울리게 이어지는 가락을 잘 짓습니다. 한자의 음과 훈을 알고 필순에 맞게 쓸 수 있습니다. 언어와 행동이 곱고 바르며 항상 명랑한 얼굴로 모든 사람에게 친절합니다.

2002학년도
제5학년 3반 64번 최선미
한자의 중요성을 알고 열심히 해야 함을 압니다. 욕심 있고 스스로 자기 할 일은 잘합니다.

2003학년도 광주 풍향초등학교
제6학년 4반 71번 최선미
늘 밝고 명랑한 모습으로 친구들과 선생님을 대하며, 자신이 맡은 일을 성실히 수행합니다. (특기사항 개근)

초등학교 6년간 수상경력이 빠지면 섭섭하다.

제1학년 4반 최선미 우수상: 위 학생은 여름방학 과제물 일기쓰기 부문에서 위와 같이 우수한 성적을 나타내었으므로 상장을 주어 칭찬함
제2학년 4반 최선미 금상: 위 어린이는 교내 불조심 글짓기대회에서 그 성적이 우수하였으므로 이에 상장을 드립니다.

제6학년 3반 최선미 미래과학글짓기 동상: 위 어린이는 과학의 달 기념 교내 청소년 과학경진대회에서 위와 같이 입상하였으므로 이 상장을 드립니다.

제6학년 4반 최선미 글쓰기 부문 우수상: 위 어린이는 광주 학생 네티즌 윤리헌장 선포기념 사이버 교내대회에서 두서와 같이 입상하였기에 본 상장을 수여함

생각해 보면 내가 글쓰기에 소질이 조금 있었나 보다. 받은 상장들을 정리해 보니 그렇다. 그래서 책을 써 보겠다고 한 건지도 모르겠다. 더구나 내 이야기라서 허심탄회하고 한결 편하게 자판을 두드리고 있는지도.

나를 안다는 것

1. 진로 탐색 검사/다요인 인성검사

우리나라는 대체로 적성검사를 많이 한다. 이 검사로 인해 적성을 찾게 되면 얼마나 기쁘겠냐만은 그냥 어느 정도 예측해 줄 뿐이지 아예 내 꿈을 정해 주지는 않는다. 처음 이 검사를 접한 건 중학교 3학년 때였다. 심리테스트 같은 걸 좋아하던 나는 오랜 시간 의자에 앉아 질문에 대한 답을 색칠하는 게 얼마나 재미있던지…. 아무 생각 안 해도 되고 시험문제가 아니

라는 생각에 그랬던 것 같다. 검사의 해석은 이러하였다.

최선미 님의 적성요인별 점수를 살펴보면 집중능력, 협응능력, 공간 능력이 다른 능력에 비해 상대적으로 뛰어납니다. 특히 집중능력은 다른 능력에 비해 상대적으로 매우 뛰어나므로 직업 선택 시 이를 적절히 고려하는 것이 바람직합니다.

그래프를 보니 집중능력이 100 중에 99였다. 나는 하나에 집중하면 다른 것들은 잠깐 절제할 수 있는 힘이 있었다. 고등학생이 되고 얼마 지나지 않아 4월에 진로탐색검사와 다요인 인성검사를 함께하게 되었다.

진로탐색검사는 6가지 유형으로 진로를 탐색하는 검사이다. R-Realistic, I-Investigative, A-Artistic, S-Social, E-Enterprising, C-Conventional로 나눠져 있는데 88.4로 제일 높게 나온 건 A(예술형)였다.

성격 적성: 상상력이 풍부하고, 감수성이 강하며, 자유분방하고 개방적이고, 예술에 소질이 있으며 창의적 적성이 높음.
대표적 직업: 예술가, 연예인, 소설가, 미술가, 음악가, 무용가, 디자이너

그리고 74.4로 S코드와 E코드가 뒤를 이었다.

진로정체성이란 진로에 대하여 어느 정도의 관심을 보이는가를 나타내는 진로 성숙 수준을 의미한다. 나의 진로정체성에 대한 결과는 이러했다.

당신은 자신의 적성에 대하여 아주 잘 알고 있어서 진로방향이 대체로 잘 나타나는군요. 적성에 맞는 직업은 하루 종일 하는 일이 즐겁고 또 적성에 맞으니 일을 더 잘할 수 있게 되고 그래서 직업적으로 성공하게 될 것입니다. 인생을 행복하게 산다는 것은 인기 있는 대학이나 전공학과에 가는 것이 아니라 당신의 적성에 맞는 직업을 우선적으로 골라서 직업적으로 성공하는 것이 더 중요하다는 것을 명심하십시오.

그렇다. 저 마지막 문장이 너무나도 마음에 들었다. 나는 좋아하는 학과를 가지 않으면 대학 등록금, 교재 살 돈이 너무나도 아깝게 생각되었다. 남들이 다 가는 대학… 나는 가지 말고 바로 돈을 벌어 볼까 하는 생각도 했었다.

〈직업적 성격특성〉
대체로 감정적, 감수성이 강하며, 개성이 있고 독창적입니다. 또한 사람들과 어울리기 좋아하고, 친절, 이해심이 많아 남을 도와주려고 합니다. 예술적 창조와 표현, 변화와 다양성을 좋아하고 자유롭고 개성 있는 활동을 좋아하고, 남을 이해하고 돕고 봉사하며 가르쳐 주는 활동을 좋아합니다. 능력은 예술적, 미적 감수성이나 상상력, 창의력이 풍부하며 사회적 대인관계 기술과 능력이 있습니다.

〈적성에 맞는 직업/대학 전공학과〉

가족상담사, 국어교사, 사회복지사, 상담심리전문가, 상담심리학자, 중등교사, 청소년상담사, 청소년상담전문가, 청소년지도사, 초등교사, 청소년지도학, 사회복지학, 가정복지학, 유아교육, 유아특수교육, 교육학, 보육학, 아동학, 국어교육, 아동복지학

〈적성에 맞는 대학전공계열〉

1적성계열: 예술계, 어문학계

2적성계열: 사범계, 인문사회과학계

나는 이때까지만 해도 대학을 가게 된다면 유아교육이나 청소년상담 관련으로 가야겠다고 생각했었다. 내가 좋아하는 것과 잘하는 것을 여전히 모른 채 고등학교 시절은 빠르게 지나가고 있었고 수학을 끔찍이도 싫어하던 나는 문과를 선택했다.

다요인인성검사의 결과는 이러했다.

- 자신의 감정과 행동을 잘 통제하여 여유가 있는 편입니다.
- 대인관계에서 다소 자기주장이 강한 편입니다.
- 창의적인 면이 있을 수 있으며, 중요사항에 대해서 관심이 있습니다.
- 다소 실리적이며 현실적인 편입니다.
- 보수적인 면과 진보적인 면이 조화를 잘 이루고 있습니다.
- 자기 확신이 있고 타인의 비판을 잘 수용할 줄 압니다.

검사를 통해서 나라는 사람을 들여다보고 그에 맞는 대학전공계열까지 알아보는 시간이었다. 이 책을 읽고 있는 청소년 분들 계시다면 검사지들 버리지 마시고 잘 활용하여 본인의 진로나 적성을 찾는 데 도움이 되시기를 바란다.

2. 학습전략검사/전공탐색검사/SSI 학생유형검사(청소년용)

고등학교 2학년이 되었다. 1년이 지나 자기 주도적 학습능력의 향상을 위한 학습전략검사를 하게 되었다.

- 성격적 특성: 다른 사람들에 비해 더 많이 노력하는 편이며 자신감과 실천력이 비교적 높은 학생입니다. 계획한 공부나 해야 할 일을 끝마치기 위해 애쓰지만 늘 마음먹은 대로 잘 실천되는 것은 아니기 때문에 간혹 실망감이 생길 수도 있습니다. 하지만, 그런 시행착오의 과정을 통해 스스로의 힘으로 계획을 세우고 공부할 수 있는 능력을 키워갈 수 있습니다.
- 정서적 특성: 정서적으로 상당히 안정되어 있으며, 학교와 가정에서 전반적으로 큰 무리 없게 잘 적응하며 생활하고 있습니다. 현재, 생활에 영향을 줄 만한 스트레스는 없는 것으로 보이며 심리적인 어려움이 없기 때문에 학습동기만 높다면 계획한 공부를 하는 데 있어 학업 능률이나 집중력에 있어서 문제를 경험할 가능성은 별로

없을 것으로 보입니다. 심리적, 정서적으로 안정되어 있어 학업과제나 수업내용에도 집중해서 문제를 해결해 나갈 수 있는 최적의 정서 상태에 해당합니다.

• 동기적 특성: 평균 수준의 학습동기를 가지고 있으나, 새로운 내용을 배우거나 어려운 문제 혹은 자신이 좋아하지 않는 과목을 공부할 때는 그것을 해결하고자 하는 노력과 의지가 쉽게 약해질 가능성이 있습니다. 공부나 성적에 있어서 다른 사람들을 별로 의식하지 않기 때문에 공부 스트레스는 적은 편이지만, 전체적인 학습 동기를 좀 더 끌어올릴 필요가 있기 때문에 때로는 다른 사람들이 어떻게 하고 있는지 자신과 비교해 보고 자신을 좀 더 발전시키기 위해 노력해야 합니다.

• 행동적 특성: 최선미 님의 학습습관 종합점수는 '우수' 수준에 해당됩니다. 전반적으로 좋은 공부습관을 가지고 있으며, 다른 사람들에 비해 학습동기와 실천력도 더 높을 것으로 판단됩니다.

그 후로 3주 뒤 전공탐색검사가 실시되었다. 결과는 동일했다.

나의 흥미는? SA 나의 성격은? SE

나의 자신 있어 하는 분야는? SA 나의 전체적인 관심은? SA

계열1은 사범계, 교육, 복지학계였고 계열2는 인문과학계, 어문학계였다.

　검사 전후 간 진로유형이 같게 나타나고 있어서 평소 진로에 관한 자기 이해가 높은 편입니다. 당신의 진로유형은 변별도가 높게 나타나고 있어서 뚜렷한 진로유형을 나타내고 있습니다. 따라서 장래 학업, 여가생활 및 대인 관계 등에서 일관된 생활 방식을 이러한 진로유형에 맞춰 유지하게 될 때 만족스럽고 성공적인 생활이 될 수 있을 것입니다.

더불어 같은 날 진행된 검사는 SSI 학생유형검사(청소년용)이었다. 나는 외상감조였다. 외-외향형, 상-상상형, 감-감정형, 조-조직형이었다.

사람들은 이 유형의 학생을 사교적이고 창의적인 사람으로 생각하고 있습니다. 마음이 따뜻하며 협조적이고 다른 사람들과 잘 어울립니다. 그리고 다른 사람들의 생각과 감정에 민감합니다. 싸우거나 경쟁하고 싶어 하지 않으며 설득하거나 칭찬하거나 누군가를 달래야 할 때 적절한 말을 잘 알고 있습니다. 사람과 관련된 좋은 생각을 많이 가지고 있을 것입니다. 다른 사람들로 하여금 자신이 한 말을 기억하도록 하기 위해서 말을 세련되고 독창적으로 합니다. 유능한 지도자가 될 수 있고 지도적인 지위에 선출될 것입니다. 자신의 생활이 깔끔하고 조직적인 것을 좋아하며 방, 책상, 사물함을 그런 방법으로 정리할 것입니다.

• 중요한 신념: 사람들과의 관계는 당신에게 중요합니다. 따라서 사람들을 도와주는 것을 중요하고 필요하다고 생각합니다. 당신은 남을 설득하는 데 아주 능숙합니다. 특히 철학적인 주제들을 토론하는 것을 즐깁니다. 당신은 자기 이해를 소중하게 여깁니다.

당신다운 것을 좋아하고 당신의 표준에 따라 행동하기를 좋아합니다. 당신은 책임감이 아주 강하며 약속을 잘 지키며 당신이 특별하고 남과 다르다는 것을 알고 싶어 합니다.

• 인간관계: 당신은 친구들 그리고 반 친구들과 함께 생각과 감정을 토론하기를 좋아합니다. 다른 사람들과 어울리는 것을 좋아하고 때때로 그들의 친구가 되어 주기도 합니다. 당신은 사람들의 마음에 관하여 정확한 통찰력을 가질 수 있으며 남을 존중하는 태도로 사람들을 대합니다. 당신의 조직적인 기술과 지도력은 모임이나 운동 팀에 가입하도록 이끕니다.

• 가정생활: 당신은 비교적 안정된 가족 환경 안에서 자랐습니다. 가족과 함께 시간을 보내기를 좋아하며 특히 의미 있는 행사에 참여하기를 즐깁니다. 그리고 형제나 자매들과 함께 시간을 보내는 것을 좋아하고 활동을 할 때 지도자가 되기를 좋아합니다. 부모님은 당신을 자주 야단치지 않으실 것입니다. 일을 요청 받았을 때 특히 당신의 창의력을 이용할 수 있다면 대체로 더욱 잘합니다.

• 학교생활: 당신은 다른 사람들과의 상호작용을 통해서 가장 학습을 잘하고 단체 안에서 일할 때 잘합니다. 당신은 추상적인 이론이나 개념을 잘 이해하고 다루기 좋아합니다. 당신은 어떤 일에 영감을 받을 때 엄청난 에너지를 가지고 일합니다. 수업시간에 발표하기를 좋아하고 발표를 능숙하고 뛰어나게 잘합니다. 당신은 친구들과 선생님들로부터 칭찬과 격려 받기를 좋아합니다. 당신은 과학이나 수학 시간보다는 언어, 사회학, 역사학 수업에 더욱 관심이 많

습니다. 또 특별활동을 즐깁니다.

• 장래 진로: 당신은 선택하는 어떤 일에서라도 성공할 수 있습니다. 사람들은 자신의 장점을 잘 이용하기 때문에 성공합니다. 당신 역시 자신의 흥미와 관련된 일 그리고 개인적인 스타일과 일치하는 일을 할 때 가장 성공하고 만족해할 것입니다. 당신은 사람들과 함께 일하는 직업과 지도자로서 일하는 직업에 아주 관심이 많습니다. 협동적인 분위기 속에서 일하기를 좋아하며 혼자 일하거나 당신의 역할이 불확실한 것 혹은 창의력을 허용하지 않는 직업을 좋아하지 않습니다. 당신은 연기 혹은 상담, 판매, 마케팅, 교직 혹은 사무 관리와 같은 일을 좋아할 것입니다.

3. 성격 검사

그로부터 두 달 뒤 7월 마지막 나의 성격 알아보기를 하였다.

• 일반성격: 사교적이고 활동적이다. 처음 본 사람에게 자신을 소개하는 데 익숙하고 사람들을 만나서 이야기하는 것을 좋아한다. 폭넓게 친구를 사귀며 자신은 깊은 우정을 나눈다고 생각하지만 간혹 사람들이 피상적이고 거리감이 느껴진다고 말한다. 감정 조절을 잘하고 안정되어 있다. 충동을 잘 억제할 수 있으며 참을성이 많아 유혹에 흔들리지 않는다. 강한 성격의 사람들과 함께 있을 때에도 쉽

게 위축되지 않고 남에게 의존하지 않아 타인의 판단과 기분에 쉽게 영향 받지 않는다. 자신에 대해 긍정적으로 평가한다. 자신이 쓸모 있고 다른 사람들보다 유능하다고 생각한다. 남에게 칭찬받고 관심의 대상이 되는 것을 좋아하고 장기자랑을 즐긴다. 대부분의 사람들이 자신을 좋아할 것으로 생각한다.

• 대인관계: 주도적이고 자기표현을 잘한다. 문제가 발생하면 직면해서 해결하려는 개방적 성향이고 자신이 의도한 바를 논리적으로 말할 수 있다. 필요하다면 자신을 귀찮게 하지 말라고 말할 수 있을 정도로 자신감 있고 강하지만 차갑지는 않다. 긍정적인 정서를 갖고 있다. 감정이 풍부하여 얼굴에 드러나는 편이고 쾌활하며 농담을 잘 한다. 집에 뜻밖의 손님이 오더라도 당황하지 않고 반갑게 맞이한다. 다양한 교류를 위해 모임 만들기를 좋아하고 활기를 불어넣는 역할을 한다. 상냥하고 친절하다. 이해심이 많아 남의 고민을 자신의 것처럼 잘 들어줄 수 있고 남을 돕는 일에 앞장선다.

• 직업적성: 사람들과 함께 일하는 데 관심이 많다. 다양하고 새로운 사람들을 만나고 사람과 관련된 복잡한 상황을 다루는 데 능숙하여 집단 활동을 계획하고 통솔하는 것을 좋아한다. 낙천적인 성격이고 언어적인 감각이 탁월하여 따뜻함과 동정심 그리고 신속한 행동을 요구하는 분야에서 능력을 발휘한다. 친숙한 것보다는 새롭고 독창적인 방식을 선호한다. 개방적인 사고방식을 가지고 있어 여러 분야에 대해서 관심이 있으며 예술작품을 즐기고 이야기를 만들어 가는 재능이 있다. 사람들에게 긍정적 영향력을 발휘할 수 있

는 문화산업이나 대중의 심리를 다루는 분야 등에 적합하다.

  • 직업영역: 연출가, 광고기획, 홍보 전문가, 판매교육 전문가, 레크
  리에이션 지도자, 심리학자, 인력개발 전문가, 호텔 매니저, 개그맨,
  연예인, 작가, 탤런트

  나를 아는 지인들은 적성검사 이야기를 읽으며 벌써 수없이 고개를 끄
덕였을지도 모른다. 이제 최선미라는 사람에 대한 탐구여행은 끝났으니
지금부터 나의 몽골 이야기를 시작하겠다.

드디어 첫 번째 몽골

  2009년 8월 16일 몽골과 처음 만난 날.
  날씨는 화창했고 해외로 가는 건 처음이라 너무너무 설렜다. 고3은 일
주일 정도 방학을 하는데 개학 하루 전날 공항이라니. 나는 고3이 아니지
싶었다. 60여 명의 학생들과 선생님들이 모여 비행기를 탔다. 맨 처음 비
행기도 몽골 항공이었구나. MIAT(몽골항공) 이 항공을 10번 이상 타게 될
줄 그때는 생각도 못했었다. 창가 쪽에 앉은 나는 비행기 날개에 달려 있
는 말 그림을 보며 생각했다. 몽골에는 말이 많겠구나 하고. 내리자마자
시원한 공기와 함께 공항은 스산하기까지 했다. 우리와 맞닿을 것 같은 하
늘과 잡힐 듯한 뭉게구름이 가득했고 뜨거운 태양이 내리쬐고 있었다.

우리는 바로 버스를 타고 에르데
네트로 향했다. 가는 길은 꽤 멀었
다. 오후에 비행기에서 내려 쉴 틈
없이 달려 저녁에야 도착했다. 7시
간의 비포장도로 버스 여행이었다.
나는 새로 산 디지털카메라로 처음
와 보는 신기한 나라에서 셔터를 눌
러대기 시작했다. 처음 보는 몽골의
모든 것들이 신기했다. 그리고 처음
타 보는 비행기마저도.

첫날은 숙소 도착만으로도 모든 일정이 끝난 것 같은 느낌이었고 짐을
풀고 바로 잤다. 다음 날 일어나서 눈을 떴는데 몽골에 있다는 사실이 정
말 신기했다. 처음 느낀 에르데네트의 모습은 평온하기 그지없었다. 해맑
은 아이들의 모습, 드넓은 초원에서 풀을 뜯는 양떼들, 주인은 있는 걸까
의심이 들게 하는 수많은 말들, 첫날부터 계속 내 입을 맴돌고 있었던 말
이었다.

"아, 여기 살고 싶다…."

셋째 날부터는 2박 3일간 몽골 친구 얀자네 집에서 홈스테이를 하게 되었다. 얀자네 집은 나무판자 집이었고 세면대는 따로 없었고 재래식 화장실이 밖에 있었다.

어렸을 때 재래식 화장실을 접해 본 경험은 있지만 몽골에서는 또 다른 느낌이었다. 분명 밖인데 전구 하나 없는 재래식 화장실이었다. 그리고 밖에는 끈을 매달지 않은 큰 개까지… 배는 아파 오는데 자신감은 온데 간데 사라져 버렸다. 단련된 사교성으로 동생 둘과 함께 재래식 화장실로 향했다. 무섭고 어두우니 문을 열고 셋이 함께 노래를 크게 부르며 볼일을 봤다. 몽골이 아니었더라면 못 해 볼 경험이었다.

몽골 가정집에 가면 대부분 사탕이나 과자를 한 그릇씩 가득 담아 상에 놓는다. 집에 온 손님이나 어린 아이를 빈손으로 보내는 게 아니라는 풍습 때문이다. 그리고 먹어 본 호쇼르. 고기를 다져서 밀가루로 반죽한 뒤 튀긴 몽골 음식이다. 김치와 같이 먹어서 첫인상은 다행히 나쁘진 않았다.

그다음 날은 봉고차를 타고 가까운 초원 게르로 향했다. 나는 난생처음 말을 타게 되었다. 무서웠지만 얀자가 말을 끌어 주어서 한결 수월했다. 함께 홈스테이를 했던 몽골 동생들과 한 컷. 그리고 말은 통하지 않았지만

제일 마음이 가던 몽골 친구 토야.

　처음 들어가 본 게르였다. 게르는 몽골어로 '집'이라는 뜻이다. 흰 천으로 둘러싸인 동그랗게 생긴 집. 몸을 숙여 들어간 게르 안은 그물망을 연상케 하는 나뭇가지들이 집의 모양을 잡아 주고 있었다. 그냥 초원 위에 세워진 이런 곳에서 어떻게 살 수 있을까 의아했지만 나름 주방 위치도 따로 있었다. 몽골에 대해 좀 더 깊이 알고 싶게 만든 순간이었다.

　하루하루가 빠르게 지나가고 있었고 나는 몽골에 빠져들고 있었다. 언제부터였을까. 몽골의 공기, 길, 사람들, 모든 게 좋았다. 눈에 콩깍지가 씌

었다는 게 이런 걸까 싶었다. 고3이었던 나는 몽골에 있는 대학교에 입학할까 하는 생각까지 들었다. 돌아가는 버스 안에서 몽골 친구 얀자와 나란히 앉게 되었다. 옆자리에 탔으니 이것저것 이야기하고 싶은데 언어의 장벽이 우리를 가로막았다. 그냥 손짓발짓해 가며 대화를 이어나가는데 문득 이런 생각이 들었다. 몽골어를 배워서 다시 오자!

미친X

"나 몽골 갈 거야. 또 가야 돼."

"뭐라고?"

현관문을 열고 가방을 내려놓으며 내던진 첫 마디. 어머니는 내가 그 몽골 땅에서 일주일간 파김치가 되어 올 줄 알았다고 했다. 그런데 웬걸. 집에 들어오자마자 꺼낸 얘기는 또 몽골에 간다는 것. 어안이 벙벙했다고 했다. 내가 그 당시 선물로 사 온 건 몽골 게르 모양과 말 모양 가죽의 열쇠고리, 밀가루 2봉지, 몽골 열매로 만든 블루베리잼이 다였다. 한국에 도착했더니 신종플루가 유행하고 있었고 캠프에서 친해진 여러 지역의 친구들은 일주일 정도 학교를 못 간다는 소식이 들려왔었다. 다음 날은 월요일이었고 아침에 나는 선생님께 전화를 했다.

"선생님, 저 몽골 다녀왔는데요. 학교 가도 돼요?"

"응. 와도 돼. 몽골은 해당 국가가 아니래."

건성냉대기후였던 몽골은 신종플루와는 상관이 없었다. 한국에 그리고 학교에 일주일 만에 오니 기분이 이상했다. 시차가 1시간인데 첫 해외여행의 여파는 상당히 컸다. 화장실을 가려고 복도를 지나가는데 여자애들이 수군거렸다. 나는 여고를 다니고 있었다.

"야, 어떤 정신 나간 애가 일주일 학교 빠지고 몽골 갔다 왔대. 유럽이나 미국도 아니고 그 못사는 나라를 고3이 말이 되냐? 미쳤어 미쳤어…."

"그러게. 미치지 않고서야 그게 할 짓이니?"

속으로 생각했다.

'어! 그 정신 나간 애가 바로 난데?'

난 오히려 몽골 이야기를 친구들에게 1시간씩 떠들어 댔었다.

"야, 몽골 하늘이 얼마나 가까운 줄 아냐? 거의 만져질 정도였어."

내 이야기를 듣더니 한 친구는 말했다.

"몽골은 여름이 제일 날씨 좋다던데. 너가 겨울에 갔으면 이렇게까지 좋아할 수 있었겠어?"

그런데 나는 몽골의 겨울도 빨리 만나보고 싶었다. 겨울이 꽤 길다던데. 어느새 9월이 다가오고 있었고 나는 입시 준비를 하기 시작했다.

몽골학과?

수시 준비를 하면서도 몽골로 대학 가고 싶은 생각이 마음 한편에 있었고 몽골어를 배워서 다시 가겠다는 내 다짐도 마음속에 계속 자리잡고 있었다. 나는 무작정 검색 창에 몽골어학원을 검색했다. 결과는 뻔했다. 당연히 존재하지 않았고 중국어, 일본어 학원들만 주르륵 나올 뿐이었다. 그런데… 연관검색어에 단국대 몽골학과가 눈에 들어왔다. 이런 학과가 한국에 있었다니…!

학과 사이트에 들어가 보니 몽골어를 배울 수 있었고 교과목들이 하나같이 몽골과 관련된 수업들이었다. 나는 여기다! 라는 생각으로 가족회의 때 학과이름을 내밀었다.

"몽골학과? 이 학과가 어디에 있는데?"

"천안에…."

"안 돼."

아버지의 대답이었다. 몽골학과도 생소했지만 딸을 떨어뜨려 놓는다는 건 상상할 수 없는 일이었다.

"이제야 가족들이 모여서 같이 살게 됐는데 천안캠퍼스로 가겠다고? 안 돼. 서울에 있는 대학 가는 걸로 하자."

나는 포기할 수 없었다. 3일 뒤 가족회의를 다시 했고 아버지는 물었다.

"너 몽골학과 가고 싶은 마음 변함없어?"

"네, 가고 싶어요."

"그럼 준비해 봐." 하는 오더가 내려졌다. 이때까지만 해도 붙지 않을 것이라는 마음에서 던진 말이었다고 했다.

고등학교 3학년이 되면 수시 지원 상담 자료를 쓴다. 나에게 맞는 전형 타입을 쓰고 내 성적의 특징과 수시 계획을 쓴다. 6월 모의고사와 3학년 1학기까지의 내신을 비교했을 때 어느 것이 등급이 더 높은가로 판단해 보는 것이다. 수시 계획에는 학교, 학과(모집인원), 전형유형, 전형요소별 반영비율, 학생부 반영방법, 전년도 커트라인, 이후 학습 포인트, 논·구술, 면접, 적성검사, 원서접수 일정 등을 적게 되어 있다. 꽤나 구체적이었다. 나는 몽골학과를 알게 된 이후 몽골학과를 배제할 수 없었다. 담임선생님은 준비해 보라며 긍정적으로 도와주셨다.

입학원서 접수는 2009년 9월 9일 오전 10시부터 9월 14일 오후 5시까지였으며, 나는 2009년 9월 11일 오전 9시 51분에 입학원서접수를 하였다.

면접은 10월 10일이었으므로 한 달 동안 면접 준비에 온 시간을 바쳤다. 나는 학교 사이트로 들어가 최신 신입학 수시 1학기 면접고사 문제를 출력하여 준비했었다. 면접고사는 인문계열 공통문제와 영어문제 두 가지였고 각각 3문제씩이었다. 2005학년도부터 2009학년도 면접고사 문제를 두 개씩 출력하여 하나는 먼저 풀어보고 다른 하나는 면접을 보는 것처럼 답변하는 것까지 연습했다. 평소 영어 선생님과 그리 친하지도 않았는데 대학이 걸린 문제라서 직접 교무실에 찾아가 조언도 구하고 모르는 부분도 물어보았다. 그렇게 9월 26일 1차 합격이 되었고 나는 면접을 보러 처음으로 단국대학교로 향하게 되었다.

면접은 이렇게 보는 거야

하나밖에 없는 오빠께서 고3 8월에 제대하는 바람에 나는 여간 스트레스를 받았었다. 천안까지 초행길이니 같이 가주라는 아버지의 명령에 따라 가기 싫고 피곤했지만 오빠라는 책임감과 훗날 추억을 남기기 위해 같이 가줬다나. 우리 남매는 정말 순수하게도 천안까지 완행을 타고 갔다는 사실. 나는 교복을 입고 있었고 떨리는 마음에 면접고사 문제지를 손에 꼭 쥐고 그 문제가 나올 것도 아닌데 계속 훑어보면서 갔다. 천안에 또 대학들이 얼마나 많은가. 천안에 가까워질수록 지하철 안은 교복 입은 학생들로 가득 차고 있었다. 모두 나의 경쟁자로 보여 머리가 아찔해지는 찰나, 오빠는 "천안에 대학이 많잖아"라며 나를 안심시켰다. 천안역에 도착해 교복군단을 따라 버스정류장에 도착했고 단국대학교라는 푯말이 있는 버스에 몸을 실었다.

수험번호 160588 성명 최선미 전형구분 일반학생
장소는 사회과학관 333호 입실완료시간은 10.10(토) 13:00

  그때 신종플루가 유행이어서 한 줄로 서서 손 소독을 하고 3층으로 이동하였다. 오빠와 나는 면접순서가 추첨인 줄 알고 "앞 번호 뽑아"라는 오빠의 말에 고개를 끄덕이며 들어갔다. 하지만 순서는 스티커로 붙여 주었고 나는 38번째였다. 그런데 이상하게 떨리지 않았다. 화장실까지 다녀오는 여유. 입실장소에 사람들이 점점 줄어들고 곧이어 내 차례도 왔다. 시간은 10분. 의자에 앉아 보니 내가 준비했었던 면접고사 인문계열 공통문제와 영어문제가 코팅되어 붙어 있었고 A4와 연필만 준 채 답만 적어서 그 A4 종이만 들고 면접실에 들어갈 수 있다고 했다. 타이머가 눌러지고 나는 머릿속이 하얘졌다. 하지만 이내 정신을 차리고 1번부터 적기 시작했다. 10분 타이머가 끝을 알렸고 "끝났습니다. 답 적은 종이 들고 나가주세요."라는 소리와 함께 종이를 들고 교실을 나왔다. 한 명씩 차례대로 복도에 앉아 기다리고 있는데 입학 관련 직원분이 학생 하나하나 긴장을 풀어 주다가 내 차례에 와서는 내 기세에 오히려 눌렸는지 아무 말 하지 않고 그냥 지나갔었다. 긴장을 하지 않은 표정이었나 보다. 내 순서가 되어 들어갔다. 남자 세 명이 앉아 있었고 지금 생각해 보니 몽골학과 교수님들이셨다.

"네. 1번에 대한 답변은… 2번에 대한 답변은… 영어문제 1번 답변은…."

체감상 10분도 걸리지 않았고 끝나자마자 "네. 나가 보세요. 됐습니다." 했다.

느낌은 좋았다. 캠퍼스를 나가며 오빠에게 말했었다.

"오빠, 나 아무래도 너무 빨리 나온 거 같아…."

"아냐, 면접은 원래 그렇게 보는 거야. 더 이상 질문 없으셨다며."

"그러게. 나 완전 무슨 군인 말투로 답변했잖아. 그래도 되나."

"어우. 우물쭈물 답한 것보다는 훨씬 낫지. 느낌 좋다."

천안이 처음이었던 우리는 눈에 보이는 김밥천국에서 끼니를 해결하고 어김없이 지하철 완행에 몸을 실었고 집에 도착하니 하루가 다 가 있었다.

대학, 가즈아~!

나는 마지막 기말고사 준비와 혹시 모를 수능 준비에 여념이 없었고 석식을 먹고 학교에서 야간자율학습을 하고 있었다. 스탠드 아래서 복습을 하고 있었는데 핸드폰 진동이 울렸다. '합격자 발표 확인하시겠습니까?'라는 문자에 굉장히 심란한 마음을 달래며 짐을 싸고 집으로 향했다. 집에 도착했는데 가족들은 아무도 없었다. 학교 사이트에 들어가서 주민등록번호와 이름을 입력하고 엔터를 눌렀다. 나는 차마 화면을 볼 수 없었다. 마음을 가다듬고 눈을 하나씩 뜨고 봤는데 '최종합격'이었다. 온몸에 소름이 끼쳤다. 담임선생님과 몽골로 가게끔 도와주신 여러 분들에게 감사의 문자를 보내고 가족들도 함께 기뻐했다. 오빠는 말했다.

"와, 고3 치고 잠만 퍼질러 자던 애가 4년제 대학 합격이라니… 그래도 너가 원하던 학과 가서 축하한다."

오빠가 보기에 나는 잠을 많이 자던 학생이었다. 딸을 떨어뜨려 놓을 수 없어서 천안캠퍼스를 반대했던 아버지도 내가 기뻐하는 모습을 보고는 어쩔 수 없다 하셨다. 그래도 원하는 데로 갔으니 좋았다고 했다. 10월 말에 수시 합격 통보. 수능 2주 전이었다. 나는 그토록 바랐던 몽골어를 배울 수 있다는 생각에 벅찼다. 하지만 내 주변에는 수능을 준비하는 친구들이 많았기 때문에 1차 수시합격을 숨겼고 내가 몽골 이야기를 할 때마다 냉철하고 현실적인 반응을 보였던 친구는 나에게 찾아와 사과를 했다.

"미안해. 너가 그렇게 좋아하던 몽골 이야기. 너무 자주 해서 따분했었거든. 근데 너가 원하는 몽골어도 배울 수 있고 합격한 거 너무 축하해."

수능 날 아침, 너무 춥고 일어나기도 귀찮아서 몇 초 동안 고민을 했었다. 하지만 일생에 한 번뿐인 경험 아닌가. 일어나서 가야지. 어떻게 하루가 지나갔는지 모르게 어둑해져서 교문을 나왔다. 집에 돌아와 혹시나 하고 가채점을 해 봤는데 헛웃음이 터져 나왔다. 나중에 성적표를 받았을 때는 올 5등급이었다.

2 0

1 0

첫 개강날

이제 천안이라는 곳에서 새로운 삶이 시작되었다. 고등학교를 졸업하고 대학교라는 집단에 입성을 하게 되었다. 나는 기숙사에 합격해 단우홀이라는 2인 기숙사에 들어가게 되었다. 짐을 챙겨 부모님이 내려다 주시고 다시 혼자가 되었다. 배정받은 호실은 2층이었고 들어가 보니 왼쪽에 화장실이 있었고 양옆에 옷장, 책상, 침대 순으로 놓여 있었다. 자세히 보니 왼쪽에 가방이 있길래 나는 자연스럽게 오른쪽에 자리하게 되었다.

3월 1일 룸메이트를 처음 만났다. 나이는 동갑이고 경영학과 학생이었다. 다음 날 아침, 우리 학과 동기들과 몽골 교수님들을 처음 보았다. 우리과 정원은 30명. 흡사 나는 고등학교에 다시 진학한 느낌이 들었다. 칠판에 적히는 몽골문자를 보며 꿈을 꾸는 건 아닌지 볼을 꼬집어 보았다. 너무 황홀했다. 신입생 수가 적다 보니 대학교라는 느낌보다는 몽골어 학원 같은 느낌이 더 강했다. 또 하나 마음에 들었던 건 가벼운 우리 학과 교재. 다른 학과에 비해 가볍고 저렴했다. 그리고 대학생이 된 첫날 아침, 점심, 저녁을 기숙사 식당에서 혼자 먹었다. 언제부터 '혼밥'이라는 단어가 나왔는지는 모르겠지만 첫날 해 보고 나니 아무것도 아니었다. 내 스스로 장하다는 생각이 들었다. 학창시절에는 혼밥 할 일이 없었기 때문에 처음 경험해 보는 일이었다.

재난의 시작, Character 1

천안에 비가 왔고 우리 기숙사 방에 비가 샜다. 룸메이트가 먼저 선택한 왼쪽만 다 젖어 버렸다. 나중에 들어와 오른쪽을 선택한 나는 한 방울도 피해가 없었다. 어디로 들어왔는지는 알 수 없었으나 비가 하루 왔다고 이불을 적실 줄을 누가 알았겠나. 사실 룸메이트는 3월이 지나고 친한 친구들이 생기자 친구들 자취방에 가서 자곤 했다. 그래서 나는 1인실 같은 2인실에 살고 있던 중 이런 일이 일어난 것이다. 룸메이트는 친구를 데려와 짐을 싸고 환불 받고 나간다고 했고, 그렇게 1년을 같이 살 것 같았던 첫 번째 룸메이트와 헤어졌다. 기숙사사무실에서는 나를 불러 "8층으로 이사 갈래요?"라고 물었지만 "저는 일단 피해가 없으니 계속 2층에 살게요"라고 대답했다.

몽골 국가

몽골 국가를 처음 들었다. 스승의 날에 몽골 교수님들께 불러드린다고 선배들은 우리에게 몽골 국가를 외우게 했다.

Дархан манай тусгаар улс(다르항 마나이 토스가르 올스)
신성한 우리의 독립국가

Даяар Монголын ариун голомт(다야르 몽골링 아리웅 걸럼트)

모든 몽골의 신성한 성지에

Далай их дээдсийн гэгээн үйлс(달라이 이흐 데드싱 게겐 우일스)

바다처럼 넓은 조상의 광영

Дандаа энхжиж, үүрд мөнхжинө(당다 잉흐지즈 우우르뜨 뭉
흐지너)

항상 평온이 찾아듦같이 영원히 이어지리.

Хамаг дэлхийн шударга улстай(하막 델힝 쇼드륵 울스테)

전 세계의 우방과 함께

Хамтран нэгдсэн эвээ бэхжүүлж(함트란 넥드셍 에웨 베흐쥴즈)

하나로 통일된 (이 땅의) 평화를 공고히 하는

Хатан зориг, бүхий л чадлаараа(하탄 저릭, 부흐 일 차뜨랄라)

굳건한 의지, 모든 능력으로

Хайртай Монгол орноо мандуулъя(해르태 몽골 어르너 만돌랴)

사랑하는 몽골 만세

처음 들었을 때 광활한 몽골의 대초원처럼 국가 역시 웅장했다. 그때는 무슨 뜻인지도 모르고 마냥 한국어 발음으로 외웠었다. 그래야 집에 갈 수 있었으니까…. 다시 생각해 보면 외우게 시켰던 선배님들께 감사드린다. 훗날 그 나라의 국가를 외워서 부른다는 건 그 나라의 국민 하나를 감동시키는 일이었다.

몽골문화촌

어린이날을 맞이하여 남양주에 몽골문화촌이 있다고 해서 대학동기랑 답사를 다녀왔다. 과제였다. 오후 2시 반에 몽골 기마단 공연을 시작하여 4시에 끝이 났다. 마침 그리웠었는데 몽골 사람들을 보니 나와 전혀 친분이 없는데도 반가웠다. 몽골문화촌 이곳저곳을 사진기로 찍었다. 몽골의 의식주뿐만 아니라 역사에 대한 부분도 박물관처럼 정리가 잘 되어 있었다. 정말 오랜만에 몽골에 잠깐 다녀온 기분이었다. 남양주에 몽골문화촌이 있다는 사실도 알게 되었고 재밌고 유익한 시간이었다.

생활의 정석, Character 2

혼자 살고 있던 나는 관리과에서 부를 때까지 평범한 하루하루를 보내고 있었다. 어느 날 짐을 바리바리 싸들고 도서관에 가려는데 전화가 왔다.

"최선미 학생이죠? 지금 잠깐 기숙사 관리사무실로 오시기 바랍니다."

갔더니 새로운 룸메이트가 앉아서 나를 기다리고 있었다. 예대 시각디자인과 3학년 언니였다. 언니는 8층에서 살고 있었는데 기숙사생활 3년 차라 그런지 짐이 많았다. 엘리베이터가 있어서 다행이지, 대략 3시간 정도 짐 옮기는 걸 도와줬다. 원래 이 언니는 퇴실을 하려고 했었다. 얘기인즉슨 언니와 룸메이트는 사이가 많이 안 좋았다고 했다. 나는 처음 알았다. 룸메이트 바꿔 달라는 사람들이 줄을 섰다는 사실을. 첫 번째 룸메이트랑 트러블이 없어서 그랬나, 상상도 못한 일이었다. 아무튼 선배언니랑 살게 돼서 그런지 학점 관리라든가 학교에 대한 정보를 많이 듣게 되었다. 다만 나는 아침에 수업이 없음에도 불구하고 언니의 기상 알람에 함께 일어나야 했고 안마까지 해 주며 깨우는 언니 덕에 일어나지 않을 수 없었다.

대학 축제

5월 25일

축제 첫째 날이었다. 일단 오전수업은 한다고 해서 끝나고 우리 학과 주점으로 향했다. 3일간 요일을 나눠서 일을 하기로 했는데 첫날은 잡일을 하고 당근을 썰었다. 우리는 말을 직접 빌렸고 캠퍼스 한 바퀴 돌고 오는데 단돈 3천 원을 받았다. 대학 축제에 살아 있는 말이 캠퍼스를 활보하다니! 진풍경이었다.

5월 26일

전공수업 모두 휴강. 축제는 이게 좋은 거구나~ 주점에서는 몽골 음식과 몽골 전통차, 술, 그리고 아이스티를 팔았다. 주점에서 계속 아이스티를 외치다가 동기들이 도와주러 왔을 때는 잠깐 짬을 내어 다른 과 주점도 돌아보며 먹을 것으로 배를 채웠다. 한편으로는 빨리 신입생이 들어오기를 바랐다. 저녁에 2PM이 왔었는데 가까이서 보지는 못했지만 연예인을 본 게 얼마만인가 싶었다.

5월 27일

축제 마지막 날. 오늘이 진정 내가 일하는 날이었다. 2시쯤 주점으로 가서 일하다가 교양수업을 듣고 5시쯤 다시 주점으로 돌아왔다. 계속 일하다가 저녁 9시가 되었고 3분 뒤에 2AM이 왔다. 마지막 날이어서 캠퍼스에는 30분간 폭죽이 터지고 있었다. 예뻐서 눈을 못 떼고 있었는데 옆에 서 있던 선배가 말했다.

"야, 저거 다 우리 등록금이야. 등록금이 하늘 위에서 빵빵 터지고 있다."

아, 그렇구나. 저 폭죽에 대체 얼마를 쓴 거야. 마지막 정리까지 다 하고 새벽 1시 반에 귀가할 수 있었다.

기다리고 기다리던 두 번째 몽골

9박 10일로 몽골에서 수련회를 한다는 소식을 들었다.

"아빠, 나 몽골 너무 가고 싶어요. 보내주세요."

"그래, 알았다."

처음 만든 여권이 1년짜리여서 2010년에 10년짜리 여권을 만들게 되었다. 여권사진을 다시 찍고 여권이 발급되었다. 나는 두 번째 몽골 땅을 밟게 되었고 정확히 1년만이었다. 일정은 7월 18일부터 7월 27일이었다.

두 번째 가게 된 몽골 지역은 다르항이었다. 또 한번 MIAT(몽골항공)에 몸을 실었다. 비행기 날개에 달린 말 그림, 기내식, 공항 모든 게 그대로였다. 총인원은 30명, 예상 비용은 130만 원 정도였다. 역시나 첫 번째 때처럼 내리자마자 버스에 몸을 싣고 다르항으로 출발하였다. 5시간 정도 달려서 도착했고 다르항으로 가는 길에 여기가 제주도인가 착각이 들 정도로 유채꽃이 활짝 피어 있었다.

다음 날 아침 일어나 우리는 다르항 시내에서 조금 떨어진 캠프장으로 향했다.

　그 캠프장은 온수는커녕 물도 부족해서 잘 나오지 않았다. 있는 침대라고는 아래가 쇠로 되어 있어 전혀 푹신하지 않은 침대. 하지만 불평하는 사람들은 없었다. 저녁에 몽골 사람들과 섞여서 레크리에이션 시간을 가졌다. 와우, 몽골어로 하는 369게임이란… 숫자 공부가 절로 되었다. 꼬리 잡기 할 때는 모르는 분이 허리를 덥석 잡아서 놀랬었다. 몽골 사람들의 스킨십 강도를 모르면 당황하기 일쑤인데 스킨십이 꽤나 자연스럽고 지나치게 세다고 할까나. 연인인 줄 알았는데 세상 쿨하게 친구라는 답변을 듣고는 멋쩍은 미소를 지어야 했다.

7월 22일

이날은 몽골 사람들의 집을 방문했다. 아파트에 사는 사람도 있었고 게르에서 사는 사람도 있었다. 나무로 지어진 판잣집도 물론 있었다. '이런 곳에서 숙박해야 진짜 고생인데'라는 생각을 했다. 그리고 내륙지방인 몽골에는 소금호수가 있다. 가까이 가 보니 소금이 하얀 게 아니라 머드처럼 뿌옇고 어두운 색깔이었다. 호수를 보고 말이랑 낙타 타는 곳으로 갔는데 나는 차마 탈 수 없었다. 20여 명의 사람들이 번갈아 가며 낙타를 탔는데 나중에는 지쳤는지 낙타의 큰 눈에서 눈물이 흘러내리고 있는 것이었다. 그래, 20명은 너무했다.

7월 23일

오늘은 준비했던 콩트를 하는 날이었다. 나의 역할은 해설이었고 몽골어로 세 문장이었다. 많이 떨리고 긴장했지만 끝나고 나서는 시원한 느낌이 들었다. 우리가 준비한 시간이 끝나고 대표로 전체 소감을 이야기하게 돼서 무척 떨렸었다. 그때 나는 이렇게 이야기했다.

"안녕하세요. 최선미입니다. 몽골 사람처럼 생겼지만 한국 사람이고요. 저는 몽골에 두 번째 왔습니다. 처음에는 에르데네트로 캠프를 갔었어요. 저는 몽골의 드넓은 초원과 몽골 사람들을 보고 몽골에 대한 비전을 꿈꾸며 몽골어를 공부하고 있습니다. 대화를 하고 싶은데 말이 통하지 않아서 너무 아쉬웠습니다. 그래서 더 열심히 공부하고 있으니 조금만 기다려 주세요.

이번 년도에는 다르항으로 오게 되었는데요. 역시나 몽골은 1년 전처럼 저에게 많은 것을 얻게 합니다. 항상 제가 줘야 하는데 몽골에 오면 받기만 하는 것 같아서 죄송스러워요. 여러분들과 이렇게 다시 만나게 되어서 너무 영광입니다. 몽골어를 열심히 공부해서 여기 있는 모든 사람들과 대화할 수 있는 날을 꿈꿉니다. 기회가 되면 또 올게요. 감사합니다."

공포의 두드림

갑자기 일정이 바뀌어 홈스테이를 하게 되었다. 나는 두 명의 언니들과 같은 팀이 되었고 우리는 내심 아파트를 원했는데 정말 아파트에서 1박을 하게 되었다. 원래 한국에서부터 홈스테이를 하게 될 거니까 조그마한 선물을 준비하라고 했었는데 언니들도 나도 선물을 사 오지 못해서 근처 마트를 발견하고 저녁에 사야겠다고 생각했다. 광고하시는 분이 저녁에는 되도록 밖에 나가지 말라고 했었는데 말이다. 몽골은 러시아가 지어 준 건물들이 많아서 아파트단지라고 하더라도 4층을 넘는 건물은 없었다. 가운데 놀이터가 있고 건물이 동그랗게 둘러싼 모양이랄까. 아파트 입구에는 남자 무리들이 앉아 있었다. 조금 꺼림칙했지만 아랑곳하지 않고 언니들은 큰소리로 한국말로 말하며 2층으로 올라갔었다.

당시 홈스테이 집주인 몽골 친구도 아주 조금 한국말을 구사할 뿐이었고 나 역시 겨우 1학년이라서 유창하게 말할 수 없었다. 사전을 챙겨 왔었고 더듬더듬 단어로만 말할 수 있는 실력이었다. 문은 나무로 만들어졌고 들어가자마자 왼쪽에 화장실, 부엌이 있었고 오른쪽에는 방이 두 개였는데 사이에 벽이 허리까지만 오고 그 위로는 뚫려 있었다. 그리고 신기하게도 주방에도 문 모양만 있을 뿐 실제로는 문이 없었고 각 방도 문이라는 건 존재하지 않았다. 화장실에는 그나마 지그재그 미닫이문이 달려 있었다. 우리는 어른들이 안 계셔서 자유다 싶어 가운데 모여 이야기하다가 마트에 잠깐 다녀오자 했다.

그때 몽골 친구가 말했다. 열쇠를 밖에 꽂아 놓은 걸 이제 알았다고… 잉? 이건 또 무슨 말이지. 우리는 긍정적으로 생각했다. 밖에 나가려고 했기 때문에 그걸 알았으니 다행이라고. 옷을 챙겨 입고 나갔는데 앉아 있던 남자 무리들은 그대로 있었다. 마트로 향했고 나는 세면도구를 사 주려고 맨 안쪽에 있었는데 30분 정도 지났을까. 언니들의 다급한 목소리가 내 귓가에 들려왔다.

"선미야. 나가자."

계산을 하고 아파트로 들어갈 때까지도 남자들은 계속해서 자리를 지키고 있었다. 이번에는 열쇠를 가지고 들어왔는지 확인한 후 선물 증정식이 시작되었다. 여름이었으니 언니들은 짧고 편한 옷으로 갈아입은 상태였고 다들 귀찮았는지 가위바위보로 씻을 사람을 정했다. 내가 첫 번째로 씻게 되었는데 세수를 하고 수도꼭지를 잠그자마자 거세게 문을 두드리는 소리가 끊이질 않았다. 누군지는 모르겠는데 금방이라도 열릴 것처럼 문은 세

차게 흔들리고 있었다.

나는 조용히 미닫이문을 열고 밖을 살폈는데 불은 다 꺼져 있었고 맨 안쪽 구석방에 두 언니는 옷을 입고 몽골 친구의 두 팔을 잡고 있었다. 몽골 친구는 말했다. 우리랑 친구하고 싶은 거니까 문을 열어 주자고. 문화 차이라는 게 이런 것인가. 나는 일단 안 되는 몽골어로 조용히 말하라고 타일렀다. 그리고 그 짧은 순간 몽골 친구를 이해하려고 노력하고 있었다. 그렇지만 한국 사람 중 누가 이 상황에서 문을 열어 줄 수 있을까. 경찰이 온다고 해도 말이 안 통할 거고 저 문이 열리게 된다면 2층에서 뛰어내려서 어디로 가야 하는 걸까. 이런저런 생각이 다 들었다.

1시간이 지났을까. 이제 문소리만 들려도 소름이 끼쳤다. 다행히 언니 한 명이 로밍을 해 왔고 다른 홈스테이팀에게 전화를 걸었다. 전화기 넘어로는 화기애애하게 몽골 전통놀이 샤가이를 하는 소리가 들려왔다. 조용하게 현 상황을 이야기했다. 그쪽 홈스테이 가정은 몽골 통역사의 집이었다. 우리는 통역사가 오다가 위험한 일이 생기면 어떡하지 하며 걱정하고 있었는데 갑자기 누가 문을 아주 조심스럽게 두드리는 거였다.

"통역사 맞아요?"

"네, 저예요."

문을 열어 주고 그제야 언니 둘은 이성이 돌아온 듯해 보였다. 그러나 이미 물 건너간 상황. 몽골 친구는 토라져서 구석 쪽에 앉아 있었다. 우리랑 같이 가자고 몇 번을 설득했지만 자기는 가지 않겠다며 오히려 본인의 오빠를 집으로 불렀다. 우리는 통역사를 따라 아래로 내려가서 차에 탔고 남자 무리들의 비웃는 소리가 들려왔다.

통역사의 집에 들어가니 어른들이 다 계셨고 어린 시절 앨범을 함께 보고 있었다. 수태차(몽골차) 향이 우리를 안심시키듯 온 집안에 퍼져 있었다. 거기 있던 한국 사람들이 얼굴이 왜 하얗게 질려 있냐며 물었고 우리는 다리에 힘이 풀려 한동안 멍하니 앉아 있었다. 다음 날 아침이 될 때까지 잠을 이루지 못했고 마냥 좋던 몽골도 어찌 됐든 해외라는 생각이 내 머릿속을 지배하는 하루였다.

몽골 음식 '허르헉'

몽골 초원으로 나갔다. 이날 점심으로 허르헉이라는 몽골 음식을 해 주셨는데 양고기 음식이었다. 양을 잡는 모습부터 보았다. 몽골 사람들은 짐승을 귀하게 생각하기 때문에 양의 동맥을 끊어 죽이는 게 덜 고통스럽게 죽인다는 생각을 가지고 있다. 그래서 양의 앞가슴 쪽을 칼로 째더니 직접 손을 넣어 동맥을 끊었고 양은 서서히 숨을 쉬지 않았다. 양을 잡는 모습을 난생처음 눈으로 본 순간이었고 조금은 충격적이었다.

몽골 음식 허르헉은 몽골의 유목민이 집에 귀한 손님이 왔을 때와 집안의 대소사를 치를 때 내주는 음식이다. 양을 통째로 잡아 해체하고 커다란 냄비에 고기와 채소 등을 넣고 돌도 그 안에 번갈아 올린 뒤 1~2시간 익히면 완성된다. 또 몽골 사람들은 고기의 핏물은 제거하지 않고 요리를 하기 때문에 양을 삶았어도 피 냄새를 그대로 가지고 있어서 나에게는 매우 생소한 맛이었다. 그래서 양고기는 고사하고 삶은 감자랑 당근만 주구장창 먹었었다.

죽음의 문턱

두 번째 몽골 여행을 마치고 한국으로 돌아오던 날. 유난히 비행기가 많이 흔들렸다. 비행기를 탈 때마다 나는 옆 사람이 내 손을 잡아 주곤 했는데 언니 한 명이 말했다.

"너는 이렇게 손에 땀이 많이 나면 비행기 타기 힘들겠다. 몽골에 아예 살든가, 몽골을 아예 안 가야겠네."

나는 속으로 동의했다. 몽골을 아예 안 가는 건 자신이 없었고 과연 몽골에서 사는 날이 올까 싶었다. 그런데 갑자기 비행기가 더 심하게 흔들리기 시작했다. 비행기 안은 좌석마다 빨간불이 깜빡이고 있었고 복도에는 승무원 언니들이 한 명씩 서기 시작했다. 그리고 산소마스크가 내려오고 있었다. 이 무슨 영화에서 보던 장면인가… 설마 나 이렇게 죽는 거야?

"우리 비행기는 심한 기류로 인해 많이 흔들리고 있습니다. 승무원의 지시에 따라 주시고 추락 상황을 대비해 산소마스크를 착용해 주시기 바랍니다."

나의 이십 년의 짧은 생을 돌아보고 있었다. 가족들이 많이 슬퍼하지 않기를….

눈을 질끈 감고 할 수 있는 일 하나 없이 자포자기로 있었는데 대기는 점차 안정을 취해 가고 있었다. 그냥 살아 있는 게 감사한 순간이었다. 무사히 한국 땅을 밟을 수 있었다. 가뜩이나 비행기 타는 걸 힘들어하는데 거기에다가 트라우마까지 생겨 버렸다. 집에 돌아와 다르항에서 있었던 홈스테이 사건을 이야기하는데 한참을 듣던 엄마와 오빠는 내게 말했다.

"너 그 얘기, 아빠한테 하는 순간 다신 몽골 못 갈 거야 아마."

센캐, Character 3

그렇게 9월이 되었고 1학년 2학기가 시작되었다. 여름방학 기간에도 천안 기숙사에 있었던 나는 두 번째 룸메이트인 모범생 언니에게서 연락을 받았다. 계속 이어서 같이 살 거라고 생각했었던 언니는 말했다.

"선미야, 나도 같이 살 줄 알았는데 내가 기숙사 동장이 되어서… 동장끼리 방을 같이 써야 한대."

나는 입학한 지 몇 달이 안 되어 세 번째 룸메이트를 맞이해야 했다.

나는 4층으로 이사를 했고 매점에 가려고 1층 로비로 내려갔더니 내 방을 물어보는 사람이 있었다.

"그 방, 저희 방이에요. 저 따라 오세요."

첫눈에 봐도 심상치 않은 분위기에, 남자친구까지 같이 따라 오고 있었다. 원래 입실하는 날에는 우리 부모님도 방까지 들어오시긴 했었다.

방에 들어오더니 새로운 룸메이트는 짐만 놓고 바로 나가는 것이었다. 나는 저녁에 인사를 하기 위해 음료수를 사 놓고 기다렸다. 그런데 새벽 1시까지 오지 않아서 그냥 자 버렸는데 기숙사 문 여는 시간인 새벽 5시에 들어오더니 씻고 자는 것이 아닌가. 그날 오후에 만나 겨우 통성명했다. 나보다는 한 살 언니였다. 두 번째 룸메이트 언니와 같은 시각디자인학과. 참 성향이 이리도 다른데 같은 과라니. 신기할 따름이었다. 언니는 컴퓨터가 두 대였고 항상 밤부터 새벽까지 과제를 했었다. 전체 소등을 했어도 나는 한 학기 동안 이불을 머리까지 덮고 자야 했었다. 그리고 매일 남자친구와 통화를 하는데 하루는 깨가 쏟아지며 웃음바다였다가 그다음 날은 헤어진 것처럼 울음바다였다.

어느 날 언니 아버님이 기숙사를 방문하셨다.

"안녕하세요~"

"아, 그래. 너가 선미구나." 하시며 이런저런 이야기를 하는데 언니 엄마인 줄 알았던 여자 분은 아버님의 비서였다. 포도 한 박스를 선물로 사 오셨고 중국에서의 사업 이야기가 오갔다. 오고 가는 이야기는 드라마에서 들어볼 법한 대사였다.

겪어 보면 너도 알게 될 거야

"안녕? 나는 단국대학교 몽골학과를 다니고 있는 20살 최선미라고 해.

너의 고민을 들려 줘서 고마워. 교수님이 과제를 내 주셔서 너의 고민에 대해 조언해 줄 수 있게 됐네. 15살 때 나도 중학생이었는데 시간이 참 빠른 거 같아. 그때 나도 너처럼 공부가 어려웠고 학교에 가기 싫을 때도 많았지. 초등학교를 졸업하고 중학교에 올라가니까 공부도 한층 어려워지고 한참 예민할 때여서 더 힘들었던 거 같아. 나는 과목들 중에서 수학이 제일 어려웠어. 수학이 재미도 없고 어렵다고 생각하니까 더 싫어진 것 같아. 좋아하는 과목은 나도 모르게 열심히 하다 보니까 자연스럽게 점수도 높아졌지.

친구야! 너도 마냥 학교 가기 싫어하고 공부하는 게 너무 어렵다고 느끼기 전에 먼저 좋아하는 과목을 찾아봐. 흥미가 있으면 열심히 하게 되고 그러다 보면 능력도 자연스레 따라오는 법이니까. 그리고 앞으로 너가 잘하는 것, 너가 좋아하는 것을 찾았으면 좋겠어. 너가 잘할 수 있는 걸 빨리 찾을수록 길을 더 빨리 찾게 되고 나중에 방황하지 않거든. 아직 중학생이니까 시간은 충분해.

나도 내가 하고 싶은 게 뭘까 항상 고민하다가 고3 때 비로소 발견했거든. 그래서 몽골학과에 오게 된 거고. 난 지금 몽골어를 공부하면서 내가 좋아하는 것을 찾아서 기뻐. 그리고 먼저 부모님께 솔직히 말씀드리고 너가 무엇을 할 때 행복을 느끼는지 진지하게 생각해 봤으면 좋겠어. 난 너가 정말 부러워. 15살 때의 내가 생각난다. 너무 고민하지 말고 노는 것도 열심히, 공부도 열심히 하는 친구가 되길!"

교수님의 비보

　1학년 때의 일이었다. 우리 과 교수님의 교통사고로 인한 비보… 충격적이었다. 항상 수강시간표를 보면 4학년 수업에만 이름이 적혀 있었다. 그 교수님 이름을 보면서 빨리 4학년이 되어서 수업을 듣고 싶다고 생각했던 나였다. 과방 사진에는 자랑스러운 교수님 사진들이 걸려 있었고 그중에서 제일 기억에 남는 건 한몽정상회담 때 대통령 뒤에 서서 통역하시던 사진이었다. 나는 애통하게도 목소리도 듣지 못했고 실제로 만나 뵙지도 못했다. 그저 그분이 몸담고 계셨던 학교에 있었다는 자체만으로도 가슴이 먹먹해져 왔다.

　정말 교수님 수업을 듣고 싶었는데 어느 날 갑자기 듣게 된 비보는 거짓말처럼 당최 믿어지지가 않았다. 우리나라는 또 한 명의 큰 별을 잃은 것과 다름없다. 장례식장을 나오며 입구에 놓인 수많은 화환 속에는 몽골 대통령이 보내온 화환이 자리 잡고 있었다.

직업 선호도 검사

　대학교에 들어와서도 계속되는 졸업 후 진로에 대한 고민. 대학생 때 직업선호도검사를 하게 되었다. 나의 흥미코드는 SE. 그리 큰 변수는 없었다.

타인의 문제를 듣고, 이해하고, 도와주고, 치료해 주고, 봉사하는
활동에 흥미가 있습니다. 기계적 능력보다는 대인관계적 소질이 있
다고 평가되며 이해심 많고 사교적이고 동정적이며 이타적인 사람이
라고 타인은 평가합니다.

선호하는 활동은 상담, 교육, 봉사활동 등이며 동정심과 참을성이
있는 성격입니다.

해당되는 적합 직업은 레크리에이션 지도자, 유치원교사, 교육관련전문
가, 직업훈련교사, 사회사업가, 상담가, 교사 등이 나왔다.

호기심 대마왕 Character 4

　나는 어느덧 2학년이 되었고 다시 간절한 마음으로 기숙사를 신청했는데 다행히 통과되었다. 배정받은 곳은 5층이었고 오른쪽이 익숙했던 나는 오른쪽에 짐을 풀고, 한참 뒤 부산사투리의 한 식구가 내 방으로 들어오고 있었다.

　"안녕하세요. 저는 2학년 학생입니다."

　"아이고 우리 애 좀 잘 부탁합니데이. 이제 학교 들어온 신입생이라서 아무것도 몰라요~ 언니랑 살게 됐다 니."

　어머님의 말로 신입생이라는 걸 알게 되었다. 동생은 호기심이 많았고 아랍학과였다. 신설학과라서 우리 학과가 많이 도와주던 시절이었다. 각자 외국어를 공부하고 있었던 우리는 내 경험도 공유하며 나는 1학년 때 기초가 참 중요하다고 말해 주었다.

　어느 날은 술이 잔뜩 취해 그 과 여자 선배에게 업혀 온 적도 있었다.

　"안녕하세요. 몽골학과 학생이라고 하셨죠. 저는 2학년인데 애가 술을 많이 마셔서요…."

　"언니, 죄송해…."

　신발장에서부터 토를 하더니 동생은 빨리 화장실로 옮겨졌다. 선배는 민망한 듯 뒷정리를 다 하고 나갔고 다음 날 아침 동생은 나에게 말했다.

　"언니, 저 어제 실수했죠. 언니가 왜 술 안 마신다고 하는지 이해가 좀 가요."

　나는 마시지 말라고 한 적은 없지만 굳이 경험하지 않아도 될 것 같다고 조언했었다. 동생의 또 하나의 환상은 캠퍼스커플이었다. 소개팅.

"그런 건 나중에도 할 수 있어. 일단 외국어는 기초가 중요하니까 3, 4학년이 됐을 때 해도 안 늦을 거 같은데."

동생은 말없이 나를 보며 뜻 모를 미소를 짓고 있었다.

교환학생

우리 학과는 교환학생 제도가 있었다. 최소 6개월에서 1년간 자매결연 대학교에 가서 해당 학기를 마치고 오면 학기가 인정되었다. 원래는 3학년부터 가능했는데 웬일인지 2학년부터 가능하다는 희소식이 들려왔다. 정말 몽골 대학교에서 공부해 볼 수 있는 절호의 기회였다. 아버지에게 전화를 걸었다.

"교환학생 제도가 있는데 2학년 때부터 가능하대요."

"기간은?"

"1년이요."

아버지는 잠시 말이 없었다. 1년 동안 딸을 보내는 건 무리였을까. 한동안 대답이 없다가 결국 아버지는 어렵게 허락을 해 주셨다. 신청 방법은 국제문화교류과에 지원서를 내고 학과 내에서 면접을 보는 방식이었다. 교환학생 지원서에 사진을 넣고 성명과 주민등록번호를 쓰고 소속과 학년, 학번을 쓰기 시작했다. 그리고 나는 필요한 서류들을 준비하기 시작했다. 자기소개서와 학업계획서 등을 몽골어와 영어 중 하나의 언어로 쓸 수 있었는데 나는 무조건 몽골어를 선택했다.

저는 1992년 1월 4일 서울에서 태어났고 저의 이름은 최선미입니다. 저의 가족은 아버지, 어머니, 오빠입니다. 저는 단국대학교 2학년 몽골학과에 재학 중이며 단우홀 기숙사에 살고 있습니다. 저는 어렸을 때부터 이사를 자주 했습니다. 그러면서 여러 지역의 친구들과 사귈 수 있었고 새로운 곳에 대한 적응력을 키울 수 있었습니다. 그리고 처음 보는 사람들과 쉽게 친해지고 활발한 성격이 되었습니다. 저의 특기는 한자와 피아노 치기, 몽골어이고 저의 취미는 컴퓨터하기와 친구들과 이야기하기, 친구들의 고민을 상담해 주기입니다.

저는 몽골에 두 번 가 봤습니다. 고등학교 3학년 때 처음 몽골을 가게 되었는데 7박 8일 동안 있었고 에르데네트로 갔습니다. 가서 말도 타고 홈스테이도 했습니다. 몽골 친구도 사귈 수 있었고 몽골 음식도 처음 먹어 보았습니다. 날씨도 너무 좋았고 몽골 사람들도 잘 대해 주었습니다. 그런데 몽골 친구와 이야기할 때 깊이 대화할 수가 없어서 안타까웠습니다. 몽골 친구들이 한국 사람들과 이야기하기 위해 한국어를 독학하는 모습에 감동이 되었고 저도 몽골어를 배우고 싶다는 생각이 들었습니다. 몽골에 갔을 때 '몽골로 대학을 갈까?' 라는 생각도 했었습니다. 너무나 좋은 마음을 가지고 한국에 와서 몽골어를 공부하고 싶어서 인터넷으로 찾아보다가 단국대 몽골학과를 알게 되었고 이 과에 오기 위해 준비했습니다. 두 차례의 시험을 통과해 합격하고 몽골학과에 입학하게 되었습니다.

그리고 대학교 1학년 때 또 기회가 되어서 몽골에 가게 되었습니다. 9박 10일의 일정이었고 다르항으로 가게 되었습니다. 처음 갔을 때보다 몽골어를 더 잘할 수 있었습니다. 기분이 좋았고 뿌듯했습니다. 몽골에 가서 소금호수를 보았는데 몽골의 자연 또한 너무 아름다웠고 웅장했습니다. 그래서 몽골어를 더 공부해야겠다고 느꼈고 매년 가고 싶다는 생각도 들었습니다. 그곳에서 몽골 친구들이 저에게 몽골 이름도 지어주고 때로는 제가 한국어도 알려 주면서 재미있는 시간을 가졌습니다.

저의 장래희망은 원래 선생님이나 상담해 주는 사람이었습니다. 그런데 몽골을 다녀온 후 꿈이 바뀌었습니다. 제 꿈은 통역사입니다. 몽골학과에 와서 공부를 하는 학생으로 더 열심히 배울 것입니다. 그래서 한국과 몽골을 이어 주는 통역사가 되고 싶습니다. 두 나라 사이의 문화 차이도 좁혀 주고 언어의 장벽도 줄이고 싶습니다. 해외교류 일도 돕고 싶고 저를 필요로 하는 곳에 도움이 되고 싶습니다. 이번에 교환학생으로 가게 된다면 영광이고 몽골어뿐만 아니라 몽골의 문화나 역사도 더 많이 경험하고 싶습니다. 이상으로 저의 소개를 마치겠습니다.

〈학업계획서 전문〉

Бүх хичээлд хичээнгүйлэн суралцна. Мэдэхгүй юм багшаас заавал лавлаж асууна.

모든 수업을 잘 하겠습니다. 모르는 것을 선생님께 꼭 물어봅니다.

Хичээл хийх гэж ирсэн гэдэгээ мартахгүй байх. үзсэн хичээлээ заавал давтна.

공부하러 왔다는 것을 잊지 않겠습니다. 복습을 잘 하겠습니다.

Монгол хэлний мэдлэгээ дээшлүүлэхийн төлөө хичээх болно.

몽골어 실력향상을 위해 힘쓰겠습니다.

Залхуурдаггүй сурагч байх болно. Цагаа үр дүнтэй өнгөрнө.

게으르지 않은 학생이 되겠습니다. 시간을 잘 보내겠습니다.

Монголд байх 1 жилийн хугацаанд төлөвлөгөөнийхөө дагуу амьдрах болно.

몽골에 있는 1년 동안 계획대로 살겠습니다.

기본에 충실했을 때

학과 내 교환학생 면접날이 다가왔다. 나는 심플하게 몽골어로 자기소개를 시킬 것 같아서 자기소개를 준비해 갔는데 복도에 서 있던 선배들, 특히 동기들은 몽골의 경제나 사회를 몽골어로 프린트해 손에 들고 있었다. 나는 눈에 들어오지도 않을뿐더러 그 정도 실력이 안 되기 때문에 그냥 순번을 기다리고 있었다. 앉아 계신 교수님 3명, 지원자는 3명씩 들어갔다.

아나나 다를까. 제일 기본인 자기소개를 시키실 터. 나는 의도치 않게 몽골어로 술술 이야기하는 학생이 되어 버렸고 더듬대는 친구들에게 교수님은 이렇게 말씀하셨다.

"몽골어로 자기소개도 못하면서 어떻게 1년을 살 거야?"

제1회 게르 축제

제1회 몽골 게르 축제가 열렸다. '게르'는 드넓은 초원 위에 하얀 양모로 둥글게 지어진 북방 유목민의 전통 가옥이다. 이동식 가옥인 게르는 계절에 따라 유목하는 유목민과 함께 해체되고 다시 지어지곤 한다.

우리 학교에는 몽골에서 기증받은 게르가 캠퍼스 안에 있었다. 그 게르에 들어가서 몽골 교수님과 수업도 하며 나름 추억이 있는 장소였다. 이날 체험 행사로는 몽골 게르 짓기와 몽골 음식 맛보기를 하였고 명사 특강으로는 주한몽골대사관 부대사께서 한몽 수교 20년 회고와 전망에 대해 특강해 주셨다. 이어서 개회사와 축사를 지나 몽골 노래 배운 것을 합창하고 몽골학과 학우 두 명의 몽골 시 낭송이 있었다. 그리고 교환학생으로 와 있는 몽골 학생들이 몽골 민요 및 가요를 불러 주었다.

아르바이트

나는 지금까지 딱 세 번의 아르바이트를 해 봤다. 아르바이트를 하느니 공부 열심히 해서 장학금을 받는 게 더 가치 있다 생각했다. 나에게 아르바이트에 대한 인식이 별로 좋지 않았기 때문이다.

첫 번째 아르바이트는 수능이 끝나고 하게 되었다. 아는 분을 통한 것으로, 어머니와 함께 도서관에 가서 하루 종일 스티커를 붙이는 아르바이트였다. 도서를 정리하고 맨 뒤에 바코드 스티커를 붙이고 그 위에 해당 도서관 주의사항이 적힌 스티커를 붙이는 일. 단순작업이었다. 딱 하루만 해 볼 만한 일이었다. '이렇게 돈을 벌 수도 있는 거군.' 하는 생각이 들었다.

두 번째 아르바이트는 기숙사 식당 배식이었다. 기숙사에 살았던 나는 시간을 더 쪼개서 보내기 위해 아르바이트를 찾던 중 배식 아르바이트가 있었고 사무실에 찾아가서 빈 시간에 하게 되었는데 아침 시간이었다. 눈 뜨자마자 머리를 질끈 동여매고 1층 식당으로 가서 모자를 쓰고 장갑에 비닐장갑을 또 끼고 앞치마를 두르고 국 앞에 선다. 시간은 아침 8시부터 8시 55분까지였다. 평일 아침에는 250명에서 300명 정도의 학생들이 아침을 먹는다.

하루는 콩나물국을 푸는 날이었다. 건더기를 더 달라는 사람, 국물을 더 달라는 사람 등 다양했지만 기본적으로 건더기와 국물을 잘 배분해서 담아야 했다. 그리고 국그릇도 직접 옮겨야 했고 오른손으로만 국을 푸다 보니 시간이 지나면 지날수록 오른쪽 손아귀가 떨리기 시작한다. 항상 공복이었는데 그날따라 머리가 핑 돌더니 정신을 잃고 말았다. 조금 시간이 흐른 후 눈을 떠 보니 식당 안쪽에 위치한 휴게실 같은 공간이었다.

"알바, 눈 좀 떠 봐. 괜찮아?"

"아, 네. 죄송합니다…."

민망하고 죄송할 뿐이었다. 아침에 수업이 없는 날은 아르바이트가 끝나고 밥을 먹었고 수업이 있는 날은 끝나자마자 올라가서 준비하고 강의를 듣곤 했다. 기숙사 식당 과장님은 내가 주말에도 기숙사에 있는 걸 아시고 아르바이트를 부탁하셨었다. 토요일 아침, 점심, 저녁을 혼자 밥부터 국까지 배식을 했었고 남은 시간에는 기숙사 식당 청소까지 했었다. 좋은 경험이었다.

세 번째 아르바이트는 거의 생애 처음이자 마지막 아르바이트이지 않을까 싶다. 수련원에서 거주하며 일하고 계셨던 아버지 친한 지인 분께서 내가 몽골 가게 된 걸 아시고 가기 전에 몽골에서 쓸 돈 벌어 가면 어떻겠냐며 아르바이트를 제안하셨다. 그 수련원은 시내와는 아주 동떨어진 산골이었는데 그곳에서 한 달을 살면서 일하는 것이었다. 기상은 6시이고 6시

반에 아침 먹고 일과를 들은 뒤, 12시에 점심 먹고 저녁 6시에 저녁 식사를 하고 설거지까지 하는 게 하루 일과였다. 하루 세끼를 꼬박꼬박 먹으니 살이 더 찌는 느낌이었지만 규칙적인 생활이 너무 좋았고 자연에서 배우며 돈을 벌 수 있다는 게 마음에 들었다. 나처럼 아르바이트를 하러 온 또래 여자애와 같은 방에 살았었는데 하루는 아침을 먹고 둘 다 피곤해서 오전 시간에 깜박 잠들어 버린 적도 있었고 감자를 깎다가 감자 껍질과 함께 엄지손톱을 날려 피가 철철 흐른 적도 있었다. 그 큰 수련원의 화장실을 하루 종일 물청소 했었고 소방 호스를 이용하여 풀장도 청소했었다.

여름 장마철이었다. 우비와 장화를 다 빨아서 말려놨는데 갑자기 비가 쏟아져서 말려놓은 몇백 개의 우비와 장화를 장막 안으로 옮긴 일도 있었다. 어느 날은 배추 따러 가는 곳에 따라가서 배추를 몇백 포기씩 따고 감자밭에 가는 날엔 감자를 몇백 개 수확했는지 모를 정도로 하루가 다 가있었다. 시간은 빠르게 흘렀고 어느덧 몽골 갈 날이 부쩍 다가오고 있었다. 아르바이트를 해서 번 돈 120만 원으로 나는 1년간 몽골에서 살아 보기로 했다.

단국인을 위한 '몽골 생활 백서'

몽골에 가기 전 교환학생으로 선발된 사람들만 학과 강의실에 모였었다. 프린트해서 나눠 주신 두꺼운 A4용지 여러 장. 바로 2008-2009 시즌 단국인을 위한 '몽골 생활 백서'였다. 맨 땅에 헤딩할 뻔한 후배들을 위해 선배들이 준비한 고귀한 경험과 팁이 들어 있는 자료였다.

학교생활 및 기숙사생활 안내, 기숙사에서 외국인을 대하는 자세(기숙사에는 여러 국가의 사람들이 모여 살았었다), 휴대폰 개통 방법, 국제전화 하는 방법, 소포받기, 통장개설 및 송금 방법, 여권 공증받기(우리는 종이에 여권을 공증받아 항상 몸에 지니고 다녔었다), 한국 병원과 몽골 병원, 택시, 물건 구입(마트, 시장), 몽골의 오락실, 과외, 박물관 안내, 몽골 여행, 몽골 맛집, 귀국 준비 등 너무나 유용한 정보들이 담겨 있었다.

이 생활 백서 덕에 1년 생활을 잘 마칠 수 있었다고 해도 과언이 아니다. 이 생활 백서를 집필해 준 선배님들께 이제야 인사를 드린다. 감사합니다, 선배님들!

두렵고 떨렸던 세 번째 몽골

나는 몽골에 가져갈 짐을 꾸리기 시작했다. 여성용품도 1년치, 화장품도 1년치를 주문했다. 일주일 정도의 기간으로 두 번 다녀온 몽골인데 이제는 1년을 살게 되다니 꿈만 같았다. 이번에는 큰 맘 먹고 이민가방을 구입했다. 뭔가 자주 나가게 될 것을 직감했던 걸까. 여권에는 몽골 출입국 도장만 늘어가고 있었다. 교환학생을 가게 된 학우 수는 15여 명. 그중에 2학년은 나 포함 5명이었고 나머지는 선배들이었다.

출국 날 아침, 부모님과 함께 인천국제공항으로 향했다. 분명 가족들과 헤어지고 들어가려고 준비하고 있었는데 아버지가 1층에서 다시 올라오셨다.

"조심해라, 건강하고."

아버지는 특히나 염려가 많이 되었다고 했다. 이렇게 오래 보낼 생각은 없었는데. 이제 와서 들은 이야기지만 그렇게 다시 헤어지고 아버지는 우셨다고 했다. 나는 꿈에도 모른 채 기쁜 마음으로 몽골행 비행기에 몸을 실었다. 몽골에 물이 부족함을 알고 있던 나는 현명하게도(?) 머리를 싹둑 자르고 갔다. 도착해 보니 몽골은 밤이었고 여름이 끝나갈 무렵이라 쌀쌀했었다. 몽골에 먼저 살고 있던 선배들이 마중 나와 주었고 그 어두운 밤길에서 눈에 보이는 건 몇 개의 불빛들밖에 없었다.

우리는 몽골국립대 쪽 근처에 있는 외국인 기숙사로 갔다. 너무나 낯선 곳. 4층 건물에 처음 쓰게 된 방은 3층이었다. 다행히 침대가 3개 있어서 동기 두 명과 나는 같이 방을 쓰게 되었다. 우리는 분명 외국인 기숙사 리모델링이 끝났다는 이야기를 듣고 왔는데 도착한 다음 날 외국인 기숙사 리모델링이 시작되고 있었다.

그 당시 언니 한 명만 스마트폰을 가지고 있었는데 거기에 수많은 학부모님들의 카톡이 새로운 친구로 떴었다는 사실. 우리는 그것으로 생사를 확인시켜 드릴 수밖에 없었다.

띠동갑 선배님

몽골학과 직속 선배님이 계신다. 나랑은 띠동갑. 옛날 싸이월드 시절 네이트온으로 종종 연락하며 지냈었는데 몽골에서 첫 대면을 하게 되었다. 나이 차이도 있었고 나에게는 대선배님이라는 생각에 마냥 편하게 대할 수만은 없었다. 어느 날 선배님은 다른 분께 나를 소개했었다.

"여기 제 후배."

인사를 나눈 뒤 소개받은 분은 말했었다.

"저분, 웬만하면 먼저 소개 안 시켜주는데… 아끼는 후밴가 보다."

저 말인즉슨 내가 몽골어 공부한답시고 교환학생으로 와서 열심히 살지 않았더라면 내 학교 후배라고 소개 안 시켰을 거라는 것. 선배님의 첫인상은 차가웠고 실제 냉철한 사람이었다. 모두에게는 아니었지만 나름 유머러스하고 다정한 분이셨다. 하루는 몽골어를 공부하다가 모르는 부분을 정리해서 찾아갔었다.

"선배님, 이 말을 몽골어로 하고 싶은데 어떻게 표현하나요?"

"아 이거 나는 3학년 때 알았던 건데… 후배 되게 빨리 알게 되네."

가끔 선배님 댁에서 밥도 먹고 간식도 주시고 게임도 했었다. 기숙사에서 빨래를 하지 못하던 시절 빨랫거리를 가지고 가면 빨래도 해 주시고 발에 티눈이 생긴 나를 위해 뜸도 들어 주셨다. 선배님 댁에 가면 070 전화기가 있어서 가족들과 통화도 할 수 있었다. 선배님은 학교 선배를 넘어 나의 보호자가 되어 주고 계셨다.

외국인 기숙사

우리는 기숙사 사정에 경악할 수밖에 없었다. 수용소 급은 아니지만 어느 날 인부 아저씨들이 망치를 들고 오더니 다짜고짜 화장실에 있던 변기를 부수는 거였다. 우리는 너무 놀라서 말도 못하고 서서 보기만 했는데 그 모습이 웃겼던지 실실 웃는 것이었다. 그 모습을 보고 나는 마음먹었다. 몽골어를 정말 열심히 해야겠다고. 그리고 기숙사에는 세탁기가 아직 설치되지 않았었다. 그래서 후드티를 세면대에서 빨고 있는 친구를 보며 너무 안타까웠다.

한 달 넘게 세탁기가 설치되지 않았고 샤워시설도 굉장히 열악했다. 급기야 우리는 기숙사 바로 옆 헬스장을 끊게 되었다. 궁극적인 목적은 샤워와 빨래를 하기 위해서였다. 헬스장과 샤워실이 바로 연결되어 있었는데 샤워실 문도 허술해서 돌아가면서 밖에서 문지기를 서야 했다.

회색 공간

하루는 일을 보고 저녁에 따로 기숙사에 도착했는데 동기들이 잠옷 차림으로 복도에 서 있는 것이다. 무슨 일이 일어났음을 감지하고 달려갔다.

"왜, 열쇠 잃어버렸어? 문이 잠겼나?"

동기들은 망연자실한 얼굴로 나에게 말했다.

"니가 직접 들어가 봐."

방문을 열고 들어갔더니 기숙사 방 바깥쪽 자그마한 발코니에서 문을 열고 작업을 했는지 모든 소모품 위에 시멘트 가루가 앉아 있었고 바닥에는 인부들의 발자국이 가득했다. 이불 위는 물론이고 책상과 의자, 그리고 화장품 뚜껑 위까지… 회색도시가 따로 없었다. 내가 마치 회색렌즈를 낀 것 같은 착시현상까지 들었다. 리모델링이 되었다고 좋아할 게 아니었는데 몽골에서의 시련은 우리를 세게 흔들고 있었다. 아무 말도 나오지 않아 멍하니 서 있는데 갑자기 친구 한 명이 캐리어에 짐을 담기 시작했다.

"너 뭐하는 거야."

"나 아무래도 이렇게는 못 살 거 같아… 한국 가야겠어."

"야, 우리 여기 어떻게 왔는데… 물티슈로 닦아 보자. 닦아질 거야."

마음을 다잡아야 했다. 우리는 그날 1년치 물티슈를 다 써 가며 시멘트 가루와 바닥을 닦아 냈다. 만감이 교차했던 고단한 밤이었다.

맨홀 뚜껑 아래의 삶

드디어 몽골의 겨울을 느낄 기회가 온 것이다. 생각만큼 차가웠고 추웠지만 꽁꽁 잘 싸매면 나름 괜찮았다. 몽골 게르에서는 겨울이 되면 날씨가 춥기 때문에 석탄을 뗀다. 그 석탄 연기가 울란바토르 시내를 가득 메운다. 외국인 기숙사는 게르촌과 가까운 위치에 있었고 매일 아침 우리는 항상 팔짱을 끼고 한치 앞도 보이지 않는 연기를 뚫고 학교에 갔다. 몽골의 겨울 아침은 마치 데모가 일어나서 수류탄이 터진 것처럼 온 세상이 뿌옇게 보였다. 앞이 잘 보이지 않을뿐더러 그 당시 맨홀 뚜껑 아래에 거주하는 몽골 사람도 있었기 때문에 그 안으로 빠지지 않도록 종종걸음으로 다녀야 했다. 혹시나 맨홀 뚜껑이 열려 있을 수도 있으니까. 항간의 소문에는 맨홀 아래 그들만의 매점도 있다는 말도 들려왔다. 어떻게 맨홀 아래서 사냐고 물어봤더니 그 아래 수도관 때문에 따뜻하다는 이유 때문이었다.

하루는 그 옆을 지나가는데 턱시도와 드레스를 입은 남녀가 맨홀 뚜껑 아래에서 올라오고 있었다. 내 눈을 의심케 하는 광경이었다. 몽골 사람들은 연말이 되면 화려하게 파티를 여는데 1년간 모은 월급으로 턱시도와 드레스를 입고 파티에 참석한다는 사실이었다. 맨홀 뚜껑 아래 살면서도 겉모습을 치장하며 파티에 참석하는 서민들의 모습이었다. 뭔가 소름끼치면서도 안타까운 현실이었다.

파티를 이렇게 중요하게 생각하는 이유는 뭐냐고 물었더니 몽골은 옛날 러시아에게 지배당한 시절이 있었는데 그때 당시 러시아 사람들은 몽골 사람들이 똑똑한 것을 알아채고 일부러 놀이와 파티 문화를 세뇌시켰다고 했었다. 그게 지금까지 이어져 온 것인지는 모르겠지만 연말파티에는 사족을 못 쓰는 것처럼 보였다. 그 파티에 입고 가기 위해 맨홀 아래 살지만 1년치 월급으로 드레스를 산다는 것… 쇼킹한 이야기가 아닐 수 없었다.

몽골 버스와 도서관

　버스 안에 항상 사람들이 많지만 그날따라 학생들이 너무 많이 타서 한 버스에 100명 이상은 탄 느낌이었다. 몸은 움직일 수 없었고 나는 거의 호떡이 되어 가고 있었다. 이대로 1시간을 더 가야 했으니 아침부터 너무 신세계를 맛본 것. 몽골 사람들은 매번 이렇다는 듯 아무 표정이 없었다. 얼마나 사람이 많았냐면 정신을 차리고 보니 버스 의자에 앉아 있는 사람 무릎 앞에 내가 서 있었다. 그 안으로 들어간 것도 용하지… 정류장을 지나면 지날수록 줄어드는 게 아니라 승객들은 늘어나고 있었다. 그 와중에 기사 아저씨는 짐승들 태우고 가는 듯 운전은 또 얼마나 거칠게 하는지, 그리고 창문은 얼어서 어디쯤 가고 있는지 보이지 않았고 정류장 안내방송은 해 주지 않았다. 정말 한치 앞도 모르는 인생이 이런 것일까. 앞뒤좌우 사람들에 끼여 지금 어디인지도 모르게 쉴 새 없이 달리는 버스. 우리네 인생과 다를 바 없다는 생각이 들었다.

　나의 활동 범위는 그리 넓지 않았다. 아침 8시에 수업이 시작하고 하루에 두 과목씩 듣고 끝나면 오전 11시였다. 기숙사에서 점심을 먹거나 밖에서 사먹고 나면 짐을 챙겨 바로 도서관으로 향했다. 처음에는 이게 도서관이 맞나 싶을 정도로 시끄러웠다. 머리 위로 빵이 지나다녔고 시장바닥처럼 잡담이 난무했다. 그러다 무서운 여자 사서 선생님이 조용히 하라고 하면 한 5분 정도 조용히 했다가 다시 원상복귀. 선생님은 목청 높여 말했었다. 이게 무슨 도서관이냐고… 용케 알아듣고 나는 조용히 고개를 끄덕였었다. 어쨌든 앞뒤로 이야기하는 학생들 덕분에 듣기 공부는 제대로 되었다. 정말 아는 만큼 들리는구나 싶었다.

한국 아저씨

학기 시작하고 얼마 안 되었을 거다. 반을 세 반으로 나누었는데 우리 반은 한국인 7명, 일본 학생 3명 그리고 남자 1명이 있었다. 각자 자기소개를 짧게 했는데 남자 학생이 마지막에 설렁거스(한국)라고 했는데 앞에 히읗이 들어가는 말을 했었다. 우리는 조금 의심스러워서 집에 와 사전을 뒤적거렸는데 '허이드 설렁거스(북한)'였던 것이다. 친구와 나는 서로를 보며 놀라움을 금하지 못한 채 "대박"을 연신 외쳐댔고 몽골에서 어학연수 중에 같은 반에 북한 남자애가 있다는 생각에 한동안 우리는 경계심을 풀지 않았다. 어느 날 수업이 끝나고 집에 가려고 하는데 옆반에서 아저씨 한 명이 들어와서 말을 걸었다.

"얘들아 안녕~ 한국 아이들인 것 같은데 점심 같이 먹을래?"

우리는 그렇게까지 싸늘할 필요는 없었지만 경계심을 한참 품고 있을 때여서 "아니요, 저희 시간 없어요"라며 매몰차게 거절했었다.

그런데 하루는 친구가 말했다.

"선미야. 그 아저씨랑 밥 몇 번 먹게 됐는데 이상한 사람 아닌 거 같아. 너도 나중에 같이 밥 먹자."

이렇게 이어진 인연이 몽골에 갈 때마다 밥을 사 주시는 아저씨가 될 줄은 상상도 못했다.

2 0

1 2

고비 알타이는 또 어디야?

　내가 아는 분이 몽골에 들어와 상주하고 계셨을 때의 이야기다. 종강도 했고 또 언제 가 보겠나 싶어서 고비 알타이 지역에 가기로 했다. 고비 알타이 주는 몽골 서부에 위치한 곳이고 울란바토르에서 비행기로 3시간 반 정도 소요된다. 큰 비행기도 무서워하는데 경비행기를 타야 했다. 생애 처음으로 경비행기를 타 본 순간이었다. 상공에 내 몸이 던져진 기분이었다. 옆에 앉은 여자아이가 내 손을 잡아 주기로 해 놓고 세상 편하게 쿨쿨 자는 것이었다. 나는 하는 수 없이 내 손을 내가 잡고 우여곡절 끝에 고비 알타이에 도착했다. 차나 버스를 볼 수 없는 황량한 땅이었다. 겨울이어서 바닥은 온통 눈으로 뒤덮여 있었다.

길 가다 만난 몽골 당나귀

만화영화에 나오는 캐릭터 당나귀를 아는가. 영어로는 Donkey. 몽골 시골에 가 보면 크건 작건 길거리에서 동물들을 볼 수 있었다. 매달아 놓은 줄 하나 없이. 참 방대한 땅덩어리다. 이렇게 당나귀를 눈앞에서 보다니 동물원이 따로 없었다. 너무 귀여워서 찰칵!

당나귀를 보니 생각나는 에피소드가 있는데 한국의 지인은 나의 교통수단이 말이라고 생각하는 분도 계셨다.

"너 그럼 말은 어디다가 파킹해 놔?"

"아, 학교 근처에 나무가 하나 있는데 거기 묶어 놓고 당근 주면 잘 기다리던데요?"

그걸 또 받아치는 나란 사람. 상대방은 고개를 끄덕였다.

살려 주세요

울란바토르로 돌아왔고 학기가 시작되었다. 월요일 날 대학부 모임을 마치고 집으로 향하는 길이었다. 항상 같이 귀가하던 몽골 친구가 오지 않아서 다른 친구와 버스를 타고 집에 가게 되었는데 그 친구는 나보다 먼저 내렸다. 본인이 내리고 난 다음 세 정거장 후 내리라고 하고 헤어졌는데 밖을 보니 내가 아는 곳이 아닌 듯했다. 그때 당시 시력이 상당히 좋지 않아서 나는 그 버스에서 내리지 못한 채 계속 가게 되었다. 가다 보면 내가 아는 큰 길들이 나오지 않을까 했는데 버스는 점점 게르촌으로 향하는 것이었다. 길을 물어보려고 했는데 주위를 둘러보니 승객들은 다 남자였다. 그때 당시 몽골은 돈을 현금으로 받고 그에 대한 영수증처럼 표를 주는 시스템이었고 버스 안에는 항상 버스 안내원이 타 있었다. 대부분 여자였다.

그날 탄 버스에서 취객이 돈을 내지 않자 버스 안내원 언니는 취객을 무지 막지하게 때리는 것이었다.

"버스를 탔으면 돈을 내야 될 거 아니야! 안 낼 거면 당장 내려!"

취객은 말도 못하고 휘청대며 간신히 버스 손잡이에 몸을 의지하고 있었다.

노란 머리에 카리스마 있게 생긴 얼굴. 나는 도저히 물어볼 용기가 나지 않았다. 그날 현금도 없었고 내리려고 밖을 보니 유흥주점들이 즐비했고 정신을 차려 보니 종점인지 승객들이 다 내리고 있었다. 여기서 내리면 죽을 것 같아서 버티고 있었는데 기사 아저씨는 나에게 고함을 지르고 있었다. 아저씨는 나를 취객으로 오해한 듯했다.

"야, 여기 종점이야 종점! 빨리 내려!"

오늘 얼마 벌었는지 기사 아저씨와 언니는 가방에서 돈을 꺼내어 세어 보고 있었다. 나는 무서웠지만 버스 안내원 언니가 있는 쪽으로 다가가 말을 걸었다. 당연히 안 되는 몽골어로.

"아, 안녕하세요. 저는 몽골에 공부하고 있는 학생인데요. 죄송해요. 버스를 잘못 탄 것 같아요. 죄송해요."

"너 몽골 애야, 한국 애야? 아저씨 일단 가자."

버스는 오던 길로 다시 되돌아가고 있었고 의자에 앉은 버스 안내원 언니와 대화가 시작되었다.

"근데 몽골어 배우러 왔다고? 열심히 하나 보다. 말 잘하네."

"감사합니다. 저 몽골 시골도 가 봤어요. 에르데네트, 다르항, 고비 알타이."

"나보다 시골을 많이 갔네~ 아까 봤지? 취객들 상대하는 거 너무 힘들어. 나도 시골 가고 싶다. 도시 생활 그만하고 싶어."

언니도 생계를 위해 취객들과 실랑이를 할 수밖에 없었던 거였다.

우리는 대화를 나누다가 친구가 됐다. 버스 기사 아저씨는 우리 모습을 보며 언니를 부러워했다.

"와 너 한국 친구 생긴 거네, 부럽다."

의사소통이 되고 있는 내가 놀라울 뿐이었다.

"근데 너 집이 어디야? 우리가 데려다줄 수 있으면 가까운데 내려 줄게."

"어… 저 외국인 기숙사요."

"거기는 우리 가는 반대 방향인데… 우리는 오던 길로 가야 돼."

"에이 어때. 10시도 넘었고 불쌍하잖아. 길에 내려다 주면…."

"안 되면 그냥 큰길에 내려 주세요." 했더니 기사 아저씨가 한국말로 "괜.찮.아"라고 했다. 어제 한국 드라마 보면서 배웠다고 했다.

우리 셋은 어느새 친구가 되어 있었고 그 큰 버스가 택시처럼 외국인 기숙사 앞까지 데려다주었다. 그 뒤로도 몇 번 문자를 주고받으며 버스 여행하고 싶으면 얼마든지 연락하라고 했었다.

내리고 나서 생각했다. 내가 몽골어를 조금이라도 알지 못했다면? 중간에 내렸거나 종점에서 나를 매몰차게 내리게 했다면? 생각만 해도 아찔했다. 언뜻 보면 거칠고 험악하게 생겼어도 정이 많은 사람들, 내 사람이 되면 따뜻하게 바뀌는 사람들이었다. 기숙사에 들어와 숨을 고르며 친구에게 이야기를 쏟아 놓았는데 친구는 나를 한심하게 쳐다보며 말했다.

"야, 택시 타고 와서 나한테 전화하지 그랬어. 그럼 내가 돈 들고 내려갔을 텐데."

친구야, 절박한 상황에서는 그런 생각조차 들지 않는단다.

무시무시한 몽골

우리 다섯은 돌아가면서 설거지를 하고 같이 장을 보고 반찬을 해 먹었었는데 새로운 학기가 시작되면서 각자 친구를 사귀게 되고 일정도 달라져서 따로 먹거나 안 먹겠다는 친구도 발생하였다. 그러던 어느 날 한 친구는 길을 건너다가 뺑소니로 다리를 다쳐서 멍이 점점 올라오지를 않나, 한 친구는 핸드폰을 도둑맞았고, 한 친구는 한국에 가서 수술을 받아야 하나라며 병이 심각해지기도 했었다. 그리고 동기지만 한 살 위 언니는 ATM에서 돈을 뽑고 걸어가는데 1분도 채 안 돼서 돈을 몽땅 도둑맞았었다.

"선미야, 돈이 없어."

"무슨 소리야, 언니 방금 뽑아서 지갑에 넣고 방금 주머니에 넣었잖아."

놀란 가슴 부여잡고 되돌아가 보니 수풀에 지갑이 덩그러니 있었다. 다행히 카드는 들어 있었다. 치안이 많이 좋지 않은 시절이었다. 밥을 먹으며 걱정된 마음에 다들 나에게 이야기했었다.

"우리 돌아가면서 하나씩 사건 터지는 거 같아. 그다음 너 차례인 거 같으니까 항상 조심히 다녀."

그러나 나는 1년간 단돈 1원도, 핸드폰 하나도 잃어버리지 않았다.

제비뽑기

마지막 시험 날이 다가오자 이상하게 시험 준비를 하기가 싫어졌다. '에라이 모르겠다.' 하는 마음으로 말하기 시험 주제 여러 개 중에서 몇 개만 준비해 갔었다. 여러 개의 종이 중에 하나를 뽑아서 말할 내용을 공책에 쓸 시간을 주고 그다음 말하게 했다. 처음 뽑은 게 몽골의 교통이었는데 아무런 생각이 나지 않았다. 그래서 나는 교수님께 물었다.

"선생님, 제가 준비를 전혀 못한 주제인데요. 다시 뽑아도 될까요?"

당연히 말도 안 되는 질문이었다.

"다시 뽑는 대신 3점 감점할게. 괜찮니?"

나는 내가 준비한 것을 뽑지 못할 수도 있다는 높은 확률 속에서도 빠른 대답과 함께 다른 종이를 뽑았다. 제일 자신 있는 주제였다. 행운은 언제나 나와 함께인 것인가. 그렇게 말하기 시험을 잘 치를 수 있었다.

눈 떠 보니 한국

몽골 대학들은 빠르면 5월 초, 늦어도 5월 말에 대부분의 학교들이 종강을 한다. 그래서 우리도 5월 말에 종강을 했고 선배 언니들은 귀국이 다가오자 하루하루 기뻐했다. 친구와 나는 좀 더 남아 있을까 하다가 그냥 빨리 가자는 생각으로 6월 2일 한국 가는 비행기 표를 샀다. 다행히 혼자 가는 길이 아니라서 외롭지 않겠다고 생각했다. 귀국 당일, 나는 짐을 하나도 싸지 않은 채 친구와 새로 오픈한 샤부샤부집(더불)에서 점심을 먹었다. 그때까지만 해도 2호점까지밖에 없었다. 밖은 흐리고 비가 오고 바람이 불고 있었다. 내심 오늘 비행기가 안 떴으면 했다. 친구는 저녁 약속을 마치고 기숙사에 들어와 멍하게 앉아 있는 나를 보며 말했다.

"야, 우리 4시간 뒤에 한국에 있어! 얼른 짐 싸."

나는 실감이 나지 않았다. 버릴 것도 구별하지 않은 채 가방에 있는 대로 짐을 쑤셔 넣기 시작했다. 한국 아저씨께서 우리를 공항까지 데려다주셨고 공항에 내렸더니 그날 토요일이었는데 정말 많은 분들이 배웅을 나와 주셨다. 그 와중에 선물을 계속 받아서 정신없었는데 아저씨가 봉투를 따로 빼서 싹 다 접고 선물만 가방에 넣게 했다. 그렇게 정신없이 몽골에서의 1년 삶이 마무리되고 있었다.

하숙은 처음이라

한국의 여름은 유난히도 더웠다. 몽골의 여름을 느끼고 왔어야 했나.

아쉬움을 뒤로하고 한국에서의 대학생활을 준비하고 있었는데 기숙사 신청에서 떨어졌다. 그래서 어머니랑 무작정 천안행 기차를 타고 학교 주변으로 향했다. 여기저기 전봇대에 붙어 있는 종이들 중에 눈에 들어온 하숙집이 있어서 가 보기로 했다. 1층에 식당을 운영하고 계셨고 주인집 아주머니의 집은 4층. 큰 방은 본인이 쓰시고 화장실은 공동. 그리고 방 2개에 내 옆방은 여자애가 들어올 예정이라고 했다. 아침저녁 포함해서 한 달에 50만 원이었고 한 학기만 살았으니까 200만 원 정도였다.

나는 규칙적인 생활을 하기 위해 아침 8시에 내려가서 차려진 아침을 먹었다. 아주머니가 하루도 빠짐없이 제시간에 와서 아침 먹는다고 놀라 하셨다. 그리고 기숙사에서 가까웠던 학교도 하숙을 하면서 멀어지게 되었다. 학교까지 30분씩 걸어 다녀야 했지만 이것 또한 경험이라고 생각하고 살았다.

멘토링

처음으로 학과 후배들을 대상으로 멘토링 활동을 했다. 내가 처음으로 누군가의 멘토가 되어 본 것. 여자 후배 5명과 함께하게 되었고 내가 맨 처음 강의를 들었던 몽골어 교재를 제본해서 나누어 주었다. 교재는 총 10과로 몽골 기본 자모음을 시작으로 인사, 소개, 숫자, 가게, 옷가게, 레스토랑, 택시, 가족, 우체국을 주제로 수업을 진행하였다. 매일 출석체크를 하였고 쪽지시험을 보았으며 매주 금요일에 2시간씩 모였다. 앉아서 교수님들의 수업만 듣던 나인데 학과 강의실에서 학과 후배들에게 몽골어 수업을 하고 있다니 꿈만 같았다. 너무나 신기하고 값진 경험이었고 몽골에 직접 살다온 직후였기 때문에 해 줄 이야기들이 무궁무진했었다. 나의 몽골

이야기를 나눌 수 있어서 행복하고 재밌었던 시간이었다.

통번역의 길이란

몽골에 1년간 살다온 통 큰 배짱으로 야심차게 시간표를 짜기 시작했고 전공수업이 2배는 더 즐거워졌다. 우리들 사이에서는 공포의 수업이라 불리던 몽골어통번역 수업도 거뜬하게 수강신청을 클릭했다. 교수님은 몽골 사람이었고 남자였는데 한국말을 한국 사람보다 더 잘하는 분이셨다. 첫 시간에 몽골 뉴스를 틀어주시고 들리는 대로 받아 적으라고 하셨다. 나는 첫 시간에 무너졌다. 뉴스도 제대로 알아듣지 못하면서 교환학생 다녀왔다고 너무 자만해 있었다. 듣기 실력이 이렇게 떨어지다니. 발음도 어렵고 특히나 몽골 뉴스는 1.5배 정도 더 빨리 이야기했었다. 나는 그냥 일상회

화만 조금 아는 정도였다.

　이 수업에서는 신문과 잡지를 통해 수업이 진행되었고 몽골 뉴스 사이트도 알게 되었다. 이 시간을 통해 고급 용어들을 알게 되었고 외우기 시작했고 몽골 뉴스를 보게 되었으며 신문을 읽다가 모르는 단어들을 습득해 나가기 시작했다. 정말 값진 수업이었다. 몽골의 사회/경제면에 대한 내용을 3시간 동안 통역하고 번역하는 시간이었고, 과제도 어마어마하고 특히 시험 볼 때에는 답안지를 계속 새로 받아가며 한국어로 번역하고 몽골어로도 번역해서 제출해야 했다. 팔이 매우 아팠지만 준비한 대로 다 쓰고 첫 번째로 내고 가려는데 교수님이 물으셨다.

　"후회 안 해?"

　나는 최선을 다했기에 "네"라고 했더니 낮은 중저음으로 말하셨다.

　"그래, 가라."

　나는 강의실을 빠져나왔다.

2 0
1 3

대학교에서 상을 받을 줄 몰랐지

1년간 멘토링 활동을 한 나에게 교수학습개발센터에서는 우수 멘토상이라는 상을 수여했다. '어학 멘토링' 프로그램, 우수 멘토상. 잊지 못할 상장이었다. 학기말에 제출한 멘토링 결과보고서에 써 준 후배들의 후기는 이러했다.

1.

안녕하세요. 몽골학과 13학번 ○○○입니다. 몽골학과를 처음 들어오기 전에 몽골학과 선배님들과 동기들 그리고 학과 전공 공부에 대해 열심히 하겠다는 다짐을 하고 학과에 들어왔습니다. 몽골어, 전공 공부를 열심히 하려면 그저 전공수업을 열심히 듣고 예습과 복습을 철저히 하는 방법밖에 없다는 것을 알았습니다.

하지만 OT를 다녀오고 난 후 선배들과 어학 멘토링이 있다는 것을 알고 매우 기뻤습니다. 어학 멘토링 저희 멘토이신 최선미 선배님께서는 저희에게 열정과 노력으로 몽골어를 가르쳐 주셨습니다. 또 학기 초라 저희 멘티들이 서로 수줍어하고 어색해하고 있을 때 몽골어와 재미있는 이야기를 적절하게 섞어서 저희에게 몽골어에 대한 관심의 끈을 놓치지 않게 해 주셨습니다. 저희가 앞으로도 저희 멘토이신 최선미 선배님과 더불어 많은 저희 선배님들을 따라 몽골어를 열심히 배워 후배들에게 부끄럽지 않게 하겠습니다.

2.

사실 처음에 멘토링을 한다고 했을 때는 전공수업도 들어야 하고 교양도 들어야 하는데 아직 학교생활에 대해서 잘 알지 못하는 신입생에게는 조금 벅차지 않을까 하는 생각이 들었습니다. 그런데 전공인 몽골어 수업을 듣다 보니 모르는 것도 생기고 처음 접하는 언어다 보니 또 뭔가 더 보충하여 공부를 해야겠다는 생각이 들었습니다. 그런 생각이 들던 중 첫 멘토링 수업을 하게 되었습니다. 그런데 제가 우려하던 바와는 다르게 정말 저에게 도움이 될 것 같다는 생각이 들었습니다. 왜냐하면 제가 수업시간에 완전히 이해하지 못했던 것을 쉽게 설명해 주셔서 묵혀 두었던 궁금증을 완전히 해소할 수 있었기 때문입니다.

그리고 계속해서 멘토링 수업이 진행되었는데 신기한 것이 멘토링 수업 다음에 전공수업이 있었는데 정말 거의 대부분 멘토링 수업시간에 배웠던 내용들이 바로 그날 전공수업시간에 나왔습니다. 그래서 전공시간에 배우는 내용들을 다른 친구들보다도 더욱 쉽고 빠르게 받아들일 수 있었던 것 같습니다. 마치 오늘 배울 내용들을 예습하고 전공수업에 들어가는 기분이 들어서 참 좋았습니다. 그리고 매주 멘토링 수업시간에 보는 단어시험 또한 굉장히 도움이 되었습니다. 전공수업 시간에는 아직 나오지 않은 단어들을 미리 공부할 수 있었고 알았던 단어였더라도 복습할 수 있는 기회를 얻은 것과 마찬가지였기 때문입니다. 그리고 전공수업 시간에는 이런 문법이 있다고 언급만 해 주시고 넘어가실 때가 있는데 그런 문법들도 자세히 설명해 주셔서 몰랐던 문법도 잘 배울 수 있었고 외워야 할 것이 있을 때 어떻게 외워야 하는지도 가르쳐 주셔서 쉽게 배울 수 있었습니다. 이렇게 멘토링 수업을 통해서 유익한 것을 많이 배울 수 있어서 기뻤고 좋은 경험이었다고 생각합니다.

3.

몽골어는 영어나 중국어처럼 우리나라에 많이 알려진 언어가 아닌 생소한 언어인지라 학교가 아닌 곳에서는 학습이 불가능합니다. 그래서 오직 교수님의 강의에 의존할 수밖에 없었지만 때로는 모르는 부분도 있고 궁금한 부분도 있었습니다. 그렇다고 모든 의문점을 교수님께 하나하나 여쭤볼 수가 없었습니다. 하지만 멘토링을 하면서 교수님께 여쭤보지 못했던 점들을 멘토 선배님께 여쭤보고 의구심을 풀 수 있었습니다. 실력도 좋고 열의도 높으신 최선미 선배님께서 수업시간에 미처 다 이해하지 못했던 부분을 쉽게 설명해 주셔서 금방 이해할 수 있었습니다. 만약 이러한 멘토링 수업이 없었더라면 전 수업시간에 이해 못했던 몇 가지 부분들을 어쩌면 지금까지도 이해하지 못하고 있었을 것입니다. 몽골어처럼 생소한 언어 같은 경우에는 멘토링으로 인해 큰 덕을 볼 수 있었습니다.

4학년이면 본격적인 사회생활을 시작하기 위한 각종 취업 준비를 해야 해서 매우 바쁘실 텐데 이제껏 단 한 번도 빠지지 않고 멘토링 수업을 해 주신 최선미 선배님께 정말 감사드립니다. 앞으로도 이렇게 좋은 제도가 계속 유지되었으면 하는 바람입니다.

4.5

어김없이 천안캠퍼스 학사지원팀에서는 친절하게 집까지 성적표를 보내왔다. 별 기대 없이 열어봤는데 수강한 7과목 모두 A+이었다. 이게 말로만 듣던 올 A+이구나…. 학점 4.5 감격스러웠다. 이 종이 한 장이 나의 노력을 대신 소리쳐 주는 것 같아서 고마웠다. 모든 수업에 몽골이라는 단어가 들어가 있었고 교양과목마저 칭기즈칸의 리더십과 세계경영이라는 제목의 수업이었다. 가족들은 기뻐했고 자랑스러워했다. 뿌듯한 날이었다.

2 0

1 4

꼭 가고 싶습니다!

꿈에 그리던 코이카(KOICA) 사이트에 들어가서 제일 빠른 시일 내에 지원할 수 있는 직종을 찾아보았다. 사회복지나 특히 예체능(미술, 음악, 태권도 등)은 전문 필수자격을 요구하기 때문에 보지도 못하고 쭉 내리다가 한국어교육을 발견했다. 한국어교원양성과정 120시간 이수만으로도 자격요건이 되다니 놀랍고 희망이 보이는 순간이었다.

나는 대학시절 한 학기를 남겨두고 휴학을 했었는데 내가 휴학기간에 했던 두 가지 큰일은 TOEIC 점수 취득과 한국어교원양성과정 120시간을 수료한 일이었다. 한국어교원 자격을 받기 위해 온라인 교육이 가능한 사이트에 가입하고 수강을 하며 두 번의 시험도 치렀었다. 그리고 다음해 1월에는 직접 시안을 가지고 모의수업도 발표했다.

이렇게 얻은 수료증은 나에게 몽골로 갈 수 있는 날개가 되어 주었다. 토익점수도 준비가 되었고 학점도 졸업학점을 채웠고 새해가 되어 마음먹고 증명사진까지 새로 찍었다. 그리고 코이카 사이트에 들어가서 지원하려고 공고를 보는데 몽골에 한국어교육이 없는 것이었다. 코이카에 전화를 해 보았다.

"여보세요. 안녕하세요? 몽골 한국어교육 지원하려고 하는데 공고에 없어서요."

"네, 뽑는 기수마다 나라와 분야가 그때그때 달라서요. 3월에 다시 지원 공고 보셔야 할 것 같아요."

그랬다. 해당 나라에 한국어교육이 없을 수도 있는 거고, 한국어교육을 뽑는다고 해도 몽골로 보내지 않으면 그만이었다. 그리고 후기를 읽어 보는 가운데 1지망에 쓴 나라로 간 사람들은 손에 꼽을 정도였다.

3월이 되었고 지원공고를 확인하였다. 몽골에 필요한 한국어교육 단원은 2명. 하나는 자격조건이 석사였고 하나는 학사였다. 사이트에 회원가입을 하고 자기소개서를 쓰는데 물어보는 항목은 총 8가지. 나는 1번부터 8번까지 써 내려 가고 한 시간이 지난 즈음에야 지원서 작성 완료를 눌렀는데 웬걸. 로그인 시간이 넘어가서 자동 로그아웃이 되고 만 것. 나도 모르게 헛웃음이 나와서 실컷 웃고 침대를 주먹으로 몇 번 내리쳤는지 모른다.

이내 이성을 되찾고 문을 잠그고 제일 마지막으로 썼던 항목부터 입력하기 시작했다. 어쩌면 처음 썼던 내용이 별로라서 한 번 날려 버리게 했던 걸까. 나는 임시저장을 계속 누르고 적은 내용을 사진을 찍기 시작했다. 그때 찍은 사진 덕분에 내가 뭐라고 썼었는지 회상할 수 있는 기회가 주어졌다.

Q. 해외봉사단에 지원하게 된 동기는 무엇입니까?

A. 대학교에 입학하고 해외에 체류한 경험이 있은 후부터는 해외에 대한 관심이 높아졌습니다. 실제 몽골에 가 보니 한국어를 배우고 싶어 하는 사람들이 너무나 많았습니다. 하지만 제게는 한국어를 가르쳐 줄 수 있는 정확하고 확실한 무언가가 없었고 준비도 되어 있지 않았습니다. 그러던 차에 해외봉사단을 알게 되었고 그들을 생각하며 한국어를 교육하기 위해 공부했습니다. 내가 알고 있는 것을 그것을 원하는 사람들에게 알려 주고

도와주고 싶은 마음이 큽니다. 또한 해외봉사단으로 활동하며 봉사하는 마음도 더 키우고 해외에 나가서 꿈과 열정을 더욱 펼쳐 보이고 싶습니다. 해외에 나가서 실무 경험도 생기고 경력도 쌓을 수 있기 때문에 해외봉사단에 지원하게 되었습니다.

Q. 성장 과정과 특기할 만한 인생경험에 대해 쓰십시오.

A. 저는 어려서부터 이사를 자주 다녀 전학이 잦았습니다. 한 곳에서만 정착하며 살 줄 알았던 저의 인생은 살아온 환경이 바뀌고 주변 사람들이 달라지면서 잘 다듬어진 돌처럼 점차 깎여 나갔습니다. 여러 가지 환경들을 경험할 수 있었으며 다양한 사람들을 만나고 그 속에서 인간관계를 배울 수 있었습니다. 어느새 낯선 환경에도 금방 적응할 수 있었고 남보다 뛰어난 친화력으로 세상을 살아갈 수 있게 되었습니다. 삶의 환경이 달라지면서 저희 아버지와 어머니의 직업도 해 보지 않은 일이 없을 정도로 수도 없이 바뀌었습니다. 가족들의 생계를 위해서 처음 해 보는 일임에도 불구하고 힘든 내색 없이 항상 노력하는 모습을 보여 주셨습니다. 바쁜 와중에 시간을 쪼개어 가족들과 대화하는 시간을 마련하였고 어떤 사소한 일에도 가족들과 항상 의논하며 결정하였습니다. 이러한 가정환경 때문에 달라지는 환경 속에서도 꿋꿋이 살아갈 수 있었고 어떠한 상황에도 굴하지 않았습니다. 삶의 수많은 변화, 이것이 바로 저에게는 특기할 만한 인생경험입니다. 여러 지역의 사람을 알고 지낸다는 것, '사람이 재산이다'라는 생각이 듭니다.

Q. 인간관계에서 가장 중요시하는 것은 무엇입니까?

A. 인간관계에서 가장 중요시하는 것은 그 사람에 대한 믿음과 신뢰라고 생각합니다. 인간관계 속에서 어떠한 약속을 지키느냐 지키지 않느냐의 문제는 나에 대한 예의라고 생각할 정도로 중요하다고 생각합니다. 상대방에 대한 믿음과 신뢰가 사라진다면 어떠한 말과 행동으로도 돌이킬 수 없다고 생각하고 아무리 노력을 한다지만 한 번 깨져 버린 인간관계를 지속시키기에는 어려울 거라고 생각합니다. 만약 다시 지속된다고 하더라도 그 전에 그 사람에 대해 가졌던 믿음과 신뢰만큼 되지 않을 것입니다. 지금까지의 인간관계 속에서 이것이 오랫동안 지속된 사람과 한순간에 실망으로 믿음과 신뢰가 깨져 버려 인간관계가 끊어진 사람들도 있습니다. 그만큼 인간관계에서 믿음과 신뢰가 중요하다고 생각하기 때문에 저 또한 상대방에게 항상 성실히 행동하고 믿음과 신뢰를 잃지 않도록 조심하고 있습니다.

Q. 지원직종과 관련되는 경험이나 지식(기술)이 있으면 기술하여 주십시오.

A. 한국어교육 직종에 지원하기 위해서 한국어교원양성과정을 수료하였습니다. 3개월 정도 한국어교원양성과정 수업을 들었고 그에 대한 시험도 보면서 한국어에 대한 전반적인 이해와 외국인을 대상으로 어떻게 한국어를 교육할 것인지에 대해서도 알 수 있었습니다. 또한 한국어교원양성과정 동기들과의 실습을 통해서 한국어교육에 대해 실질적으로 경험할 수 있는 시간이 되었습니다. 각자 주제를 선정하고 교안을 작성하여 앞에

외국인 학생들이 있다고 생각하고 수업을 진행하였습니다. 처음이라 서툴렀지만 이후에 교수님의 피드백으로 수정, 보완해야 할 점들을 알게 되고 동기들의 의견을 들으며 수업 방식을 고쳐나갈 수 있었습니다. 초급, 중급, 고급 단계별로 수업 톤이나 내용, 교구들을 알 수 있었고 한국어교육에 대해 더 자세히 연구할 수 있는 사이트나 분야를 알게 되어 좋은 시간이었습니다.

Q. 지원직종과 관련하여 가장 자신 있는 부분과 부족하다고 생각되는 부분을 기술하여 주십시오.

A. 지원직종과 관련하여 가장 자신 있는 부분은 성격입니다. 교육에 있어서도 학생들과 친밀하고 의사소통이 잘 이루어진다면 학습효과가 높아질 것으로 생각됩니다. 낯선 환경에 잘 적응하고 새로운 사람들과 쉽게 친해지는 성격으로 외국인 학생들과 긴밀하게 친해지고 적극적으로 수업을 진행한다면 외국인 학생들이 한국어를 재미있고 더 쉽게 배울 수 있을 거라 생각합니다. 또한 저는 알고 있는 것을 알려 주기를 좋아합니다. 같이 공유하고 어려운 것을 쉽게 알려 주는 능력이 있으며 빨리 이해시킬 수 있는 힘이 있습니다. 적성면에서는 교육과 관련하여 적합하고 좋은 교사가 될 자신이 있습니다. 부족하다고 생각되는 부분은 전공이 한국어 쪽이 아니기 때문에 염려가 됩니다. 한국어를 전공하시거나 한국어교육에 대해 경험이 많으신 분들이 지원직종에 더 적합한 인력일 수 있지만 부족하다고 생각하기 때문에 더 배우고 더 노력할 것입니다.

Q. 지원직종과 관련하여 저서, 논문, 연구 또는 프로젝트 수행실적과 제 3자를 대상으로 지도나 교육을 시킨 경험이 있으면 기술하여 주십시오.

A. 몽골에 있을 때 한국어를 배우고 싶어 하는 학생들이 많이 있었습니다. 그래서 몽골 현지 대학생들을 대상으로 한국어교육을 하였습니다. 한국어교육을 할 수 있는 교실을 마련하고 한국어 기본 교재를 만들어 배부하였습니다. 처음에는 한글 기본 자음과 모음 체계를 배우고 발음 연습을 많이 하였습니다. 또한 그림을 통하여 단어를 공부하고 쓰기 연습도 많이 하였습니다. 매 시간 수업시간 전에는 지난 시간에 배운 한국어 단어시험을 보고 수업을 진행하였습니다. 시험 성적으로 좋은 결과물을 주었기 때문에 학생들의 능률도 같이 올라간다는 것을 경험하였습니다. 단원에 따라 주제를 다양하게 배치하였고 실생활에서 한국어를 사용할 수 있도록 교육하였습니다. 주제에 대한 단어를 공부하고 짤막한 대화를 역할을 나누어 읽게 하고 함께 놀이 활동도 하였습니다. 수업은 일주일에 2시간씩 하였고 소수의 학생들에게 한국어를 가르쳤습니다. 학생들 중에는 실제 한국어학과 학생들도 있었기 때문에 어려워하는 문장이나 과제에 대한 질문도 답변하는 시간을 가졌습니다.

Q. 부모님 또는 가족과 떨어져 생활한(특히, 자취한) 적이 있다면 그 시기, 기간 및 사유를 약술하여 주십시오.

A. 가족과 중학교 3학년 때 처음 1년간 떨어져 고모 댁에서 살았습니다. 원래 서울에서 살다가 아버지 직장 문제로 광주로 갔었는데 다시 서울로 가자고 하신 것입니다. 그래서 여러 가지 문제로 전학은 가지 않고 졸업할

때까지 광주에 남아 있겠다고 결정하여 가족들은 서울로 가고 혼자 광주에 남게 되었습니다. 혼자 산 건 아니지만 고모가 어깨가 아프셔서 집안일을 도맡아 하였습니다. 대학교 입학 후 2년 반 동안 학교 기숙사에서 가족과 떨어져 생활하였습니다. 집과 학교 간에 거리가 있었기 때문에 시간과 돈을 아끼기 위함이었습니다. 대학교 2학년 2학기 때 교환학생을 가게 되어 몽골에서 1년간 친구들과 자취 생활을 하였습니다.

Q. 해외에 2년 이상 파견되어 있는 동안 개인적으로 가장 염려되는 일은 무엇입니까?

A. 개인적으로 가장 염려되는 일은 부모님의 건강과 가족들의 안위입니다. 지금은 부모님 두 분 다 건강하시지만 사람일은 모르기 때문에 항상 염려가 되는 부분입니다. 또한 저는 파견되는 것을 기쁜 마음으로 기대하고 갈 준비가 되어 있지만 부모님의 마음은 항상 걱정이 되시나 봅니다. 저를 걱정하는 가족들 때문에 제가 염려가 됩니다. 아직 부모 마음을 모르지만 해외에 파견되어 있는 딸을 걱정하지 않으셨으면 하는 바람이 큽니다. 또 직계 가족들을 포함한 친척들의 가족 행사에 참여하지 못함에 염려가 됩니다.

소신 있게 나아간다면

 일요일 아침이었다. 말끔하게 흰색 블라우스와 검은 치마에 검은 구두를 신고 코이카 본부가 있는 양재로 향했다. 덕분에 신분당선도 타 봤다. 면접 장소인 교육원은 지하철 출구에서 나가서 조금 걸어야 했다. 5층 대기실. 도착해서 신분증 내밀며 사인하고 대기하는 동안 적성검사를 시작했다. 조금 있다가 면접 순서대로 이름을 호명해 주었는데 바로 내 이름이 들렸다. '그래, 매도 빨리 맞는 게 낫지 뭐'라는 생각으로 안내해 주시는 분과 함께 3층으로 내려갔고 면접관 3명, 들어가는 사람도 나 포함 3명이었다. 순서대로 앉게 했고 나는 입구 쪽과 가까운 곳에 앉았다.

 면접 종류는 두 가지로 일반(인성)면접과 직종면접이었다. 아침이고 맨처음 순서였으니 면접관들의 컨디션은 최상이었을 것. 오랜만에 또 인생에서 제일 긴 시간이었다. 답변 순서는 안쪽 앉은 순서부터 내가 마지막 순서였다. 나에게 돌아온 질문은 본인의 성격 장단점을 말해 보라는 것이었다.

 "저의 장점은 친화력과 적응력이 빠르다는 것입니다. 이사를 자주 했기 때문에 처음 본 사람과도 빨리 친해지고 대화할 수 있습니다. 단점은 너무 명확한 나머지 한 번 맞다고 생각한 것에 대한 고집이 조금 셉니다"라고 했더니 가운데 앉은 남자 면접관이 말했다.

 "고집 세게 생겼네요. 하하하."

 긴장된 분위기를 풀어 주는 한마디였다.

 일반면접이 끝나고 자신 없었던 직종면접 시간이 왔다. 그런데 순서가 갑자기 뒤바뀌어 내가 맨 처음 답변하는 순서가 된 것이다. 문법의 차이점을 설명하라고 하셨는데 지금 생각해도 무슨 말을 했는지 기억이 안 난다. 너무 터무니없는 말을 해서… 그런데 나의 이 답변을 다음 순서인 여자분은 '복붙'을 하셨고 그다음 남자분은 덕지덕지 이상한 말들을 덧붙여 대답했다. 갑자기 순서가 바뀐 게 신의 한수였을까. 차라리 '~인 것 같습니다.'라고 답변한 내가 군더더기 없었을지도 모른다.

면접이 끝나고 가벼운 발걸음으로 5층으로 향했고 나머지 적성검사를 끝마친 뒤 코이카 본부 건물을 빠져나왔다.

합격은 사이트를 통해 알 수 있었고 합격한 사람에 한해서 건강검진을 받아야 했다.

'축하드립니다. 최선미 님께서는 국내교육 대상자로 선정되셨습니다.'

"엄마, 나 합격했어. 2년 동안 몽골 가는 거야!"

나는 뛸 듯이 기뻐했다. 엄마의 입은 웃고 있었는데 눈은 울고 있었다. 엄마는 당시 매우 얼떨떨했다고 했다. 좋은 일인데 2년 동안 딸을 몽골 땅에?! 엄마의 눈은 거짓말을 할 수 없었겠지. 그날 엄마의 표정을 나는 아직도 잊을 수가 없다. 대학 전공을 살리는 게 좋았지만 엄마의 눈은 반짝거리고 있었다. 아버지는 코이카 단체를 좋게 생각하고 있었다고 했다. 처음엔 아버지의 권유로 가게 되었던 몽골인데 그 뒤로는 내가 사랑하게 되어 계속 가게 되었던 몽골…. 아버지의 시점에서는 7박 8일, 9박 10일, 1년,

그리고 이제는 2년이었다. 만약 처음부터 1년을 보내려고 했다면 힘들었을 것이다. 아버지의 마음을 조금씩 열게 해 주었던 게 아닐까. 그리고 무사히 잘 다녀와 준 나에 대한 믿음이랄까. 걱정했던 것과는 달리 일주일이든 1년이든 잘 마무리하고 돌아오는 딸을 보며 걱정은 덜어지고 마음이 안정되었다고 했다. 그러니 이번 2년도 잘 다녀오리라 아빠는 믿어 주었던 거다.

국내교육 이야기

교육은 5주간이었고 그동안 외출/외박 2주에 걸쳐서 신청하고 이틀간 나갈 수 있었다. 참고로 나는 이런 합숙훈련을 참 좋아한다.

숙소는 3명이서 쓰는 방이었고 배정받은 숙소에 들어가 보니 둘 다 나보다 먼저 왔는지 안쪽부터 짐이 놓여 있어서 나는 문 쪽 침대를 사용하게 되었다. 첫날에 입교식이 있었는데 입교 전 메일이 하나 왔었다.

> 월드 프렌즈 직원 ○○○입니다. 특기가 '피아노'라고 되어 있어서 애국가와 봉사단가 반주 좀 부탁드리겠습니다.

입교 전까지 반주를 연습해 갔고 떨리고 긴장되던 반주는 무난하게 잘 마무리되었다.

물품지급을 하고 성실이행서약서도 작성하고 선서까지 하였다. 그리고 지정된 복장과 명찰착용까지 하니 단체생활을 하게 된 것이 몸소 실감났다. 그리고 저녁에 만남의 시간이라는 레크리에이션 활동을 했는데 백여 명의 예비단원들이 모였다. 나라도 다르고 분야도 다양했다. 매우 좋은 사람들이라는 생각과 함께 첫날의 긴장을 약간 풀 수 있었다.

매일 아침 여러 나라의 기상송으로 일어난다. 몽골 노래는 언제 나오려나 기다리고 있었는데 어느 날 아는 몽골 노래가 들리자 바로 눈이 떠졌다. 눈 뜨자마자 건물앞 주차장으로 집결하여 월·수·금은 근처 학교로 가서 운동장을 7바퀴 돌고 돌아와 주차장에서 '새천년국민체조'까지 해야 아침 운동이 끝난다. 화·목은 건물 뒤 조그만 산이 있는데 그렇게 호락호락하지만은 않았다. 공복에 등산까지 마치고 주차장에 돌아와 '새천년국민체조'까지 해야 끝이었다. 비가 오는 날은 아침운동이 간소하게 줄여지는데 5주간 마음속으로 기우제를 몇 번 지냈는지 모른다. 그런데 역시 사람은 운동을 해야 한다. 5주간 아침밥이 얼마나 꿀맛이었는지 잔반을 남겨 본 적이 없었다.

매일 오전시간에는 기초현지어 학습을 했다. 9시부터 12시까지 하루 세 시간씩. 나는 몽골어를 알고 있는 상태이므로 어떻게 할까 하다가 현지어 선생님께서 몽골어로 된 동화책이나 몽골 신문 자료들을 주셨다. 평가를 하는 날이면 읽은 동화책을 요약해서 이해한 부분을 몽골어로 발표하곤 하였다. 틈이 나는 저녁 시간에는 몽골로 파견될 동기 단원들과 Q&A 시간도 가지고 모르는 부분도 설명해 드리는 시간을 가졌다. '단원 지원 분야에 몽골어교육도 있었으면 좋았을 텐데'라는 터무니없는 생각도 해 보며 이곳에 들어와서 도움이 될 수 있다는 자체가 행복했었다.

몽골 Q&A

몽골에서 단원생활을 한 선배들이 집필하고 감수한 봉사활동 안내서가 내 자리 위에 놓여 있었다. 안내서 제목은 '센배노(안녕)! 몽골'.

정말 곧 있으면 만날 몽골을 생각하니 설레는 마음으로 책을 열었다. '몽골은 어떤 나라일까?'를 시작으로 현지 정착 필수 정보, 알아두면 유용한 생활 정보, 지역 소개와 봉사활동 정보까지 쉽고 자세하게 적혀 있었다. 나는 한 장 한 장 읽으며 중요하다고 생각되는 글귀에는 빨간 펜으로 선을 그었었다. 그중에 '선배단원에게 묻다'라는 짤막한 TIP들이 있었는데 읽으면서 유용하고도 공감되고 웃음을 자아냈던 질문들을 몇 개 공유해 본다.

Q. 많이 춥다던데 얼마나 추운가요?

A. 한국보다 습하지 않아 방한만 잘한다면 한겨울 영하 40도의 추위도 체감으로는 그리 춥지 않다. 이 때문에 방심하여 동상에 걸리는 단원도 있으므로 주의해야 한다. 반대로 영상 30도를 웃도는 여름 또한 3개월 정도 지속되니 참고하자.

Q. 먹는 건 어떤가요? 정말 고기만 있고 야채나 과일은 먹을 수 없나요?

A. 그렇지 않다. 물론 야채보다 고기가 싸긴 하지만 울란바토르의 경우 다양한 종류의 과일이 있다. 조금 비싸긴 해도 한국 식재료 역시 다양하게 있으므로 크게 걱정하지 않아도 된다. 다만 지방의 경우 야채, 과일 및 한국 식재료 종류가 제한되어 있으므로 임지에 파견되기 전에 미리 필요 품

목을 체크하여 구매하는 것이 좋다.

Q. 밤에 돌아다니면 안 되나요?

A. 울란바토르의 경우엔 특히 위험하다. 술을 좋아하는 몽골인의 특성상 외국인이 혼자 밤늦게 돌아다니는 것은 사고를 각오하는 행동이다. 낮에도 안전하다고 할 수 없는 곳이니 가급적 개인행동은 자제하도록 하자.

Q. 한국 사람에 대한 이미지는 어떤가요?

A. 대체로 좋은 편이나 한국에서 악덕 업주 밑에서 일하며 좋지 않은 감정을 가진 몽골인도 더러 있다. 때문에 사고 방지를 위해서라도 개인행동은 자제해야 한다.

성장 예고

드디어 출국일정 안내와 어디로 가게 될지 알게 되는 날이었다. 매우 긴장되었다. 날짜는 7월 15일 출국하게 되었고 기관은 울란바토르 23번 종합학교로 파견이 예정되었다. 처음에 몽골 '아르항가이' 지역이라고 생각했던 나는 막상 울란바토르에 파견된다니 어안이 벙벙했지만 한편으로는 몽골 지인들이 거의 울란바토르에 있기 때문에 다시 만날 수 있겠다는 생각에 기쁘기도 했었다.

코이카 단원은 파견기간 동안 총 4번의 보고서를 쓰게 되어 있는데 그 기관으로 가게 되면 선임단원이 쓴 마지막 4차 보고서를 받아 들게 된다. 최종보고서에는 2년간 봉사활동에 대한 총평가와 활동기관에 대한 총평가, 그리고 후배단원에 대한 조언, 파견지역 연구 등이 들어 있기에 정말 꼼꼼히 읽어 봐야 할 자료인 것이다. 몽골은 날로 발전하고 있었고 내가 파견될 학교의 업무는 마치 산처럼 우뚝 솟아 나를 집어삼킬 것처럼 보였다. 활동기관에 대한 요약자료를 힐끗 본 큰언니는 나에게 말했다.

"최선미~ 2년 뒤 우리 중에서 제일 성장해 있겠는 걸~"

그 말이 하루 종일 뇌리에 박혀 떠나지 않았다.

직무교육

마지막 5일 정도는 직무교육을 실시했다. 한국어교육 12명은 총신대로 출퇴근을 하게 되었다. 한국어교육에 대한 나의 부족함을 뼈저리게 알고 있어서 그런지 조금 긴장도 되었지만 많은 것을 배우자는 생각으로 임했다. 내가 아는 만큼 교육을 할 수 있을 테니까. 아침 8시에 1층에서 버스를 타고 출발했다.

교육 시간은 총 30시간이었는데 월요일 6시간, 화~목 7시간, 금요일 3시간이었다. 유능하신 한국어교육 분야의 교수님들을 모시고 교육을 들었다. 한국어 교사 교육, 발음수업, 어휘수업 구성하기, 교안 작성, 실제 교재로 수업을 구성하고 교안으로 작성하기 등 첫날 1시간씩 다양한 주제로 수업을 진행하였다. 배우는 것도 많았고 실제 외국인 학생들을 교육했던 자료 시청으로 더욱 실감났었다. 그 이후 듣기/읽기/말하기/쓰기 순으로 교육방법과 설계 및 구성을 배우고 한국어능력시험(TOPIK) 교육방법도 배울 수 있었다. 또 한국어교육 대상자가 외국인이므로 특히 중요한 문화수업에 대해서도 교안을 작성해 보고 발표하는 실습시간도 가졌다. 한국어교육 초짜인 나에게 직무교육시간은 매우 유익한 시간이었고 '너도 할 수 있다'는 자신감을 불어넣어 주었다.

서툴고 모르는 것도 많을 테지만 노력하는 사람은 결코 실패하지 않는다. 그렇게 또 국내교육의 끝은 성큼 우리 앞으로 다가오고 있었다.

발단식

5주가 짧으면 짧고 길다면 길지만 같이 밥 먹고 자고 여러 시간을 함께해서 그런지 그새 정이 들고 헤어지기 아쉬웠다. 대강당에 들어가 자리배치도를 봤는데 눈을 씻고 찾아봐도 내 자리는 없었다. 다시 보

니 피아노 의자가 내 자리였다. 반주 최선미… 마지막 날에도 애국가와 봉

사단가를 부르는구나 하고 부랴부랴 악보를 챙겨 단복을 입고 피아노 앞에 앉았다.

선서를 하고 내 이름이 적힌 수료증을 받아들 때엔 뭔가 전쟁터에 나가기 전 군인의 마음이랄까. 나라를 대표하여 파견되는 해외봉사단원. 자부심을 가졌다. 우리는 다시 만날 날을 기약하며 각자 짐을 끌고 헤어졌다. 이제 몽골 갈 준비해야지.

나를 성장시킨 네 번째 몽골

아침이 밝았다. 아버지는 밤새 뒤척이셨다. 온 가족이 공항 갈 준비를 하고 짐을 차에 싣고 나는 단복을 입었다. 정말 실감나는 당일이었다. 인천 공항까지는 1시간 반 정도 소요되었고 가는 길에 지인들의 연락이 쇄도했다. 공항 E 카운터에는 동기들이 모두 가족들과 모여 있었다. 우리는 또다시 덤덤한 듯 작별을 하고 비행기를 탔다.

드디어 몽골 도착. 공항은 여전했고 날씨도 그대로였다. 몽골 현지 사무소 직원들과 현지 직원들, 코이카 선배 단원들이 마중을 나와 주셨고 짐도 들어 주셨다. 우리의 숙소는 메리워드. 저녁에 가족, 지인들과 보이스톡을 하였다. 완전 선명했다. 많이 발전했구나 몽골… 와이파이도 정말 잘되고 계속 여기가 숙소였으면 좋겠다. 침대도 괜찮고 따뜻한 물도 나왔다. 비행기를 타서 그런지 피곤한 하루였다.

몽골 전통 공연 관람

몽골에서 맞이하는 첫 주말이다. 날씨가 조금 추워져서 드디어 지퍼 백 압축을 풀고 두꺼운 옷을 꺼내 입었다. 오늘은 전통 공연 일정 하 나만 있어서 오전시간에 여유를 즐 길 수 있었다. 전통 공연의 값은

20,000투그릭. 한화로 만 원 정도이다. 의자는 따로 없었고 계단식으로 된 바닥에 앉는 것이었는데 이날따라 중국인들이 많이 있었다. 무대와의 거리는 매우 가까웠다. 웅장하게 큰 울림을 듣고 움직임들을 가까이 볼 수 있어서 더 실감나는 공연이었다. 몽골 전통 공연을 직접 보기는 처음이라서 색다르고 재미있는 경험이었다.

현지어 학습

   매일 오전 우리는 몽골어를 배우기 위해 학원으로 향했다. 차로는 5분 거리. 나는 맨 안쪽 방으로 들어갔고 남자 선생님이 앉아 계셨다. 나는 1대1 수업을 하게 되었는데 선생님은 몽골풍습에 관한 책을 카피해서 주셨다. 선생님이 먼저 읽으시고 그다음 내가 읽고 나서 한 문장씩 설명해 주셨다. 모르는 단어도 설명해 주시고 개인적인 얘기도 하고 질문에 답도 하고 빈칸도 채워 넣었다. 쉬는 시간을 자꾸 뒤로 밀어 가면서까지 시간이 매우 잘 가서 다행이었다.

수흐바타르 광장

수흐바타르 광장은 1921년 몽골
독립의 영웅 담디니 수흐바타르가
중국으로부터 독립을 최종적으로
선언한 곳으로, 그의 이름을 붙여 수
흐바타르 광장이라고 부르게 되었
다. 광장의 한가운데에는 수흐바타

르 동상이 서 있다. 오후 시간이 남아서 동기들과 수흐바타르 광장에 갔다.

교환학생 시절 수도 없이 지나다녔지만 사진 한 장 남기지 않았었다. 고
작 2년 후에 다시 마주한 곳인데 이렇게 달라질 수 있을까. 가운데 있는 동
상은 그대로지만 주변에 꽃이 가득했다. 내가 살았던 2011년, 2012년만 해
도 회색도시라고 할 만큼 매연에 뒤덮인 도시로만 기억됐었는데 꽃이라니
이게 웬 말인가. 한참이나 새삼스러웠다. 날씨도 제일 좋은 몽골의 여름을
만끽하고 있었다.

게르 짓기와 몽골 방송국

오늘은 10시 반까지만 수업을 하고 남은 시간에는 다 같이 게르를 짓는
다고 했다. 학교 앞 공터에서 몽골어를 배우는 외국 친구들과 선생님들과

같이 게르를 손수 지어 보았다.

선생님은 창고 같은 곳에서 커다란 천과 천을 지탱해 줄 수 있는 나무 막대기 여러 개, 그리고 동그란 게르의 몸체를 잡아 주는 격자무늬의 부속품, 문 등을 가져오셨다.

여러 부속품들의 크기로 조금 큰 게르임을 짐작할 수 있었다. 먼저 게르 전체 모양을 잡아 주는 격자무늬로 된 부속품을 다 펼쳐서 동그라미를 만들어 주었다.

그 후에 문을 설치하고 둥근 창으로 된 천장을 설치한 다음 두 개의 기둥으로 천장과 바닥을 연결했다. 그리고 격자무늬로 된 부속품들과 천장을 나무막대기로 연결한 후 그 위에 하얀 천을 덮어 주었더니 어느새 내 눈앞에는 하나의 게르가 지어져 있었다. 직접 지어 보니 계절마다 게르를 옮겨 다녔던 유목민의 삶이 고스란히 느껴졌다.

2009년 난생처음 게르를 들어가 보고 '어떻게 이렇게 집을 짓고 살지?'라고만 생각했는데 그 활동을 통해서 게르가 어떻게 지어지는지 또 어떤 순서로 완성되는지 직접 배울 수 있는 시간이었다. 해가 뜨겁게 내리쬐고 있었지만 재미있었다.

그리고 오후에는 몽골 방송국 MNB를 방문하였다. 2시간 넘게 구경을 했는데 되게 크고 넓게 지은 것 같았다. TV, 라디오 방송국 스튜디오도 보고 사진도 찍고 재밌는 시간이었다. 몽골 방송국을 또 언제 와 보겠나. 그곳에는 뉴스 데스크 포토존이 있었는데 마치 뉴스 앵커가 된 기분이었다.

잘 부탁드립니다

　현지적응교육 기간 내 2주 동안은 OJT(on-the-job-training)가 진행된다. OJT는 내가 파견될 기관과 기관장을 만나고 또 같이 일하게 될 코워커와 좋은 관계를 맺으며 업무협의도 하고 주택임차도 하는 기간이었다. 사무소에서 OJT에 대한 안내사항을 듣고 일식비와 현지어지원금 등 3개의 봉투를 받았다. 2주 동안 몽골어로 일기를 써야 했으며 몽골의 시장조사 및

기관조사 보고서 등 과제들이 많이 있었다. 동기들은 지방에서 보내온 버스에 몸을 실었고 2주간 잠시 헤어졌다가 만나기로 하고 우리는 서로 건투를 빌었다.

아침 10시 정도에 교감과 교사가 나를 데리러 왔고 곧바로 내가 파견될 23번 학교에 도착했다. 한국 남자분이 한국어교사로 계셔서 잠깐 인사하고 나왔다. 마침 방학 때여서 기관장은 없었다. 내가 2주간 묵을 곳은 아파트였는데 한국어교사 집이었고 아이들이 2명 있었다. 짐을 내려두고 오후 시간에 어디를 갈까 하다가 자이승 전망대에 가게 되었다. 자이승 전망대는 울란바토르 시의 남쪽에 위치해 있는데, 산으로 둘러싸여 있는 울란바토르를 한눈에 볼 수 있는 곳이다. 자이승 기념탑은 제2차 세계대전의 승리를 기념하며 전쟁영웅과 전사자를 기리기 위해 세워졌다. 바로 앞에는 새로운 건물을 짓는 중이었다. 날씨는 흐렸지만 사진 찍고 내려와서 집으로 향했고 남편분과 인사를 하고 저녁을 먹었다. 양고기 왜 이리 맛있지…?

테렐지 국립공원

테렐지 국립공원은 수도 울란바토르에서 북쪽으로 60㎞ 떨어져 있다. 코워커 선생님과 나는 차를 타고 이동했다. 언제 와도 기분 좋은 곳이었다. 울란바토르에 식수를 공급하는 톨강이 흐르고 있으며 조각가가 깎아 놓은 듯한 절벽들도 있어서 다양한 경치를 볼 수 있다.

테렐지 국립공원을 대표하는 유명한 바위인 거북바위(Turtle Rock)는 실제 거북이를 꼭 닮았다. 여기에 오고 나니 정말 몽골에 온 것이 실감났다. 거북바위에서 사진을 찍고 톨강 옆에서 점심을 먹었다. 오후에는 '붐부구르'라는 몽골 시장에 가서 가격조사를 하고 사진을 찍었다. 몽골의 대표적인 채소로는 감자, 당근, 양파가 있는데 몽골 주요 음식에 들어가는 야채들이다. 저녁에는 보쯔(몽골전통만두)를 함께 만들었는데 야채랑 고기를 같이 넣어서 기름지지도 않고 맛있었다.

집 계약과 한국어교실 방문

다시 메리워드 숙소 생활이 시작되었고 현지적응교육도 막바지로 달려가고 있었다. 이날도 더웠지만 계약하기로 한 집에 전에 얘기했었던 가구들이 설치되었는지 중간 점검하러 몽골 도야 선생님과 함께 아파트 15층으로 왔다. 그런데 집주인이 오지 않아서 복도에서 30분 정도 기다려야 했다. 집주인이 오고 집에 들어가 보니 침대가 이전에 있던 것보다 안 좋은 걸로 바뀌어 있어서 놀랐다. 옷걸이도 벽 때문에 못질을 못한 것 같고 청소기도 쓰던 거고 살림살이라고는 밥솥이랑 프라이팬이 전부였다. 샤워커튼이랑 건조대랑 와이파이 기기는 가져다 놓은 것 같았다.

나는 집주인에게 침대를 바꿔 달라고 다시 이야기하고 화장실에 거울 부착을 부탁했다. 그리고 이번 주에 계약을 하기로 하고 헤어졌다. 타지에서 집을 구하는 일이란 결코 쉬운 일이 아니었다. 몽골 도야 선생님과 나는 학교로 가서 내가 활동하게 될 한국어교실을 처음 보았다. 선배 단원이 해 놓은 현장사업을 한 모습의 교실이었다. 두 교실이 벽 하나를 두고 연결되어 있었고 나는 이곳에서 어떤 수업을 하게 될 것이며 어떤 아이들과 인연을 맺게 될지 매우 궁금했다.

13세기 몽골

오늘은 13세기 몽골 답사 가는 날. 달리고 달려 칭기즈칸 동상에 도착했다. 거대 칭기즈칸 기마상이 있는 곳, 천진벌덕(Tsonjin Boldog)이라고도 불린다.

동상 안쪽에는 박물관이 있고 거대 칭기즈칸 기마상은 박물관 포함 총약 50m 높이의 (동상 40m) 어마어마한 크기의 동상이다. 이 동상은 2006년 몽골제국 800주년 기념으로 건립을 시작하여 2010년에 완공되었다. 몽골의 재벌 젠코(Genco)에서 약 410만 불 정도 비용을 투자하였고, 이 동상을 세우기 위해 500여 명의 인력이 투입되었다고 했다. 저 큰 동상 안으로 들어갈 수 있다는 걸 처음 알았다.

교환학생 때 와 보고 2년 만에 다시 왔는데 언제나 그 크기와 높이에 입을 다물 수 없었다.

거대한 동상을 뒤로하고 다음 장소에 도착했는데 옛날 몽골 샤먼들이 지냈던 게르가 여러 개 있었다. 뭔가 으스스한 분위기의 게르였다. 다섯 군데 집이 있었는데 모양과 안의 구조가 다 달랐다. 게르들을 구경한 뒤 마지막으로 정말 거대한 게르에 도착했다. 들어가 보니 몽골 사람이 몽골 비칙(몽골 옛날 문자)으로 글자를 적어 주고 있었는데 나도 내 이름을 받아볼 수 있었다. 그리고 전통의상을 입고 상석에 앉아 보았다. 몽골 제국의 왕이 된 것만 같았다. 13세기의 몽골 분위기를 물씬 느낀 날이었고 저 멀리 칭기즈칸이 나를 향해 걸어올 것만 같은 기분이 들었다.

반가워, 23번 학교

아직 파견 전이었지만 입학식에 초대되었다. 한복을 입고 오기를 부탁했었는데 마침 사무소 직원 분이 한복을 빌려줘서 가져갈 수 있었다. 한복을 갈아입으려고 한국어반으로 갔는데 한국어반을 대표하는 남학생, 여학생이 한 명씩 있었다. 여학생은 한복을 입고 있었고 한국어로 입학식 인사말을 준비했는지 나에게 물어보았었다. 한국말을 잘해서 예뻐 보였다. 학교가 워낙 크고 정신없다 보니 내가 온지도 모를 뻔했다. 한복을 입었는데 오히려 학생처럼 보여서 선생님으로 보이지도 않았다.

아침 8시가 좀 넘어서 입학식은 시작되었고 개회사도 하고 상도 주고 아이들이 준비한 장기도 보는 시간이었다. 나는 무대에 올라가 소개해 주는 대로 인사를 하고 내려왔다. 입학식에 온 것뿐인데 이 학교와 한층 더 가까워진 느낌이었다.

현지적응교육 수료식

8주간의 현지적응교육이 끝이 났다. 이날 한국은 대명절 추석이었는데 우리는 92기 수료식이 한창이었다. 참 특별하다. 아침에 일어나서 어제 몽골어로 준비한 소감발표를  입으로 되뇌었다. 수흐바타르 광장 맞은편 Bluesky라는 큰 건물이 있는데

맨날 보기만 하다가 그곳에서 수료식을 하게 되어서 처음으로 들어가 보게 되었다. 역시 분위기가 좋았다.

각자 기관장과 코워커를 모시고 소개도 간단히 하고 조별 미션발표와 소감발표도 이어졌다. 그리고 생각지도 못한 표창장을 받았다. 몽골 사랑 상. '위 단원은 현지적응교육기간 중 몽골을 사랑하는 마음으로 모든 교육에 임하여 타의 모범이 되었기에 이를 표창함.' 나에게 너무 어울리는 상을 주서서 감사했다. 오찬을 하고 나서는 업무협의도 하게 되었다. 내 생애 처음 받아 본 명함. 드디어 파견인 건가 싶었다.

집주인과의 계약도 잘 마무리되었고 저녁에 집 열쇠를 받았다. 이제 혼자 사는 거네. 최선미 파이팅!

올쯔슨다 바이르태 밴!

23번 학교는 종합학교라서 초·중·고를 모두 수업하게 되었는데 월·수·금은 중·고등부 수업이 오전에 있었고, 화·목은 초등부 수업이 오후에 있었다. 그리고 5개의 외국어를 가르치는 학교로 한 학년에 영어, 일본어, 중국어, 한국어, 러시아어 반으로 나누어져 있었다. 몽골은 초·중·고가 나뉘어 있긴 하지만 한국처럼 1년에 한 번씩 담임선생님과 반 아이들이 바뀌지 않는다. 거의 5, 6년 동안 한 담임선생님과 같은 반 아이들과 함께하는데 거의 가족 같은 사이라고 보면 되겠다. 그리고 중학교 1학년은 7학년이라고 명칭한다. 고로 고3은 12학년이라고 불리는 것.

첫 수업을 하는 날이었다. 교실도 여러 개고 조금 미로 같은 학교 구조에 처음에는 적응하느라고 애를 썼었다. 갑자기 수업할 교실을 바꿔 버리는 경우도 있었고 시간표가 정해지기 전까지는 교실이 수시로 바뀌어서 당황스러웠던 적이 한두 번이 아니었다. 처음 들어간 반은 11학년(고2). 딱 30명에 분위기도 좋고 반장을 나오게 해서 이름을 쓰게 했다. 각자 짧게 자기소개를 듣고 나는 수업규칙들을 설명하고 지금 공부하고 있는 교과서가 쉬운지 어려운지의 여부를 묻고 곧 있을 한국어 올림피아드 개요를 설명해 주었다. 수업시간은 40분이었고 빠르게 지나갔다. 그다음은 바로 9학년(중3). 집중도 안 되고 너무 시끄러운 분위기에 나를 처음으로 투명인간 취급했던 아이들이었다.

"안녕하세요, 제 이름은 최선미입니다."

내 소개를 하고 이름을 칠판에 써도 40명가량 되는 아이들은 집중할 리 없었다. 나는 교단에 서서 생각했다. 지금 이 순간 몽골어를 한다면 2년간 모든 일이 나한테 몰릴 거라는 상상을… 하지만 너무 시끄러웠고 수업은 해야겠고 어쩔 수 없이 나는 입을 떼었다.

"애들아, 조용히 하자."

툭 몽골어로 내뱉었는데 놀란 아이들은 문 쪽을 쳐다보았다. 혹시 몽골 선생님이 들어와서 주의를 주는지 알고. 더 이상 안 되겠다 싶어 나는 몽골어로 일부러 쏘아붙이기 시작했다.

"너네 너무한다. 새로운 선생님이 한국에서 왔는데 수업이 시작된지도 모르고 떠들고 핸드폰하고 있고… 몽골 교육이 이것밖에 안 되는구나? 부모님이 학교 가서 이렇게 하라고 가르쳤니?"

　교실은 순식간에 얼어붙었고 토끼눈을 한 아이들은 드디어 조용해졌다. 나는 다시 차분한 목소리로 한국어로 내 소개를 다시 한 다음 수업을 이어 나갔다. 반장에게 차렷 인사를 시켰고 모든 핸드폰은 수거함에 담았다. 이 순간은 그때의 학생들에게 지금까지 회자되고 있었다. 그날의 선생님을 잊을 수 없다며.

　그리고 7학년(중1) 수업에 들어갔다. 아이들이 많았는데도 조용하고 실력도 좋고 분위기도 좋았다. 다만 후슬렝이라는 이름의 아이가 5명이나 있었고 쌍둥이도 둘씩이나 있었다. 그리고 10학년(고1) 수업에 들어갔는데 한국 다녀온 아이들도 많았고 특히나 남학생이 많아서 첫 시간부터 대놓고 장난을 쳐서 웃음거리가 되기도 했다. 그리고 마지막 12학년에 들어갔는데 예상외로 말이 통했고 여학생 3명이 토픽을 준비해 달라며 달려들었다. 학생 수도 참 많고 수업량도 많았지만 아이들을 보고 나니 더 열심히 해야겠다는 생각이 들었다.

　다음 날, 오후 1시 반 정도에 출근했다. 아니나 다를까. 교실이 바뀌어서 또 헤맸다. 초등부 첫 수업 날이었다. 4학년 아이들은 실력이 좋지 못하고 너무 시끄러워서 몽골 선생님이 조용히 시켜야 할 정도였다. 5학년 아이들은 한국에서 살다가 온 아이들이 몇 명 있었고 6학년은 너무 많아서 아직 누가 누군지 모르겠다. 그리고 제일 막내 3학년은 화 한 번 내니까 금세 조용해지고 이제 '아, 야, 어, 여'를 갓 배운 새싹들이었다. 나는 한 명인데 아이들이 그렇게 많아 보일 수 없었다.

내 생애 첫 올림피아드

　파견되자마자 한국의 한글날에 맞추어 한국어 올림피아드가 열리는데 다행히 올해는 다른 학교에서 주최한다고 해서 한시름 놓았다. 먼저 말하기를 준비하게 되었다. 초·중·고 주제가 다 달라서 일단 각 학년마다 참가하고 싶은 아이들을 모집하고 먼저 몽골어로 써 오라고 했다. 주최하는 학교 측에서는 말하기 원고를 올림피아드 당일에 심사위원이 볼 수 있도록 화면에 띄우기를 원해서 아이들이 써 오는 원고를 한국어로 바꾼 다음 타이핑을 하고 학년과 이름으로 저장해 둬야 했다. 평가 부분 안에 암기를 했나 안 했나 평가하는 부분이 있었기 때문이다. 고등부 학생들 중에는 중간에 본인 생각이 달라지면 원고를 다시 고친 후 저장하는 것도 나의 일이었다. 몇 번의 수정을 거친 후 원고 작업이 끝나면 프린트해서 한 명씩 나눠 주고 항상 가지고 다니며 외울 수 있게 했다. 그리고 날이 가까워질수록 무대 매너, 마이크 잡는 법, 인사하기 등 정말 말하기대회에 나간 것처럼 나를 보고 이야기하게끔 했다.

　나 혼자서 25명 정도 되는 다양한 학년의 아이들을 준비시켰다. 정규수업 이외의 시간을 활용해서 준비해야 했기 때문에 오전에는 초등부 아이들을 준비시키고, 오후에는 중고등부 학생들을 준비시킬 수밖에 없었다. 내 자리도 따로 없었고 날은 추워서 밖에서 연습시킬 수 없어서 3층에 있는 교사실에서 매번 모였다.

　말하기대회와 더불어 노래대회도 있었는데 참가하는 아이들이 노래하는 것과 안무를 짠 것을 봐 준 후 피드백을 해 주었다. 그리고 나는 20명 남

짓 되는 초등학생 아이들을 선발하여 합창을 준비시켰다. 알토와 소프라
노로 나눠 내가 직접 반주를 했고 곡은 '숲속을 걸어요'였다. 합창 이외에
도 남녀혼성그룹 무대를 준비하는 아이들도 있었고 솔로무대, 그리고 댄
스팀을 준비하는 학생들 무대도 음악을 틀어 놓고 강당에서 리허설을 여
러 번 했었다. 건물 4층 강당에는 피아노가 있었는데 연습도 할 겸 퇴근 후
나는 피아노를 쳤다. 몇 곡을 치고 있으면 어느새 내 주변으로 아이들이
둘러서서 듣고 있었다.

곡이 끝나고 한 아이가 나에게 물었다. 한국어반 학생은 아니었다.

"새로 온 음악 선생님이에요?"

"아니, 나는 한국어 선생님인데."

"근데 왜 몽골어 잘해요?"

"글쎄…?"

나는 장난스럽게 대답했다. 하지만 아이들은 나를 쳐다보기만 하고 말이 없었다.

매니저의 호출

몽골에서는 교장 다음 교감선생님을 매니저라고 불렀다. 23번 학교는 초·중·고 교감선생님이 따로 있었다. 그중에 입김이 제일 세고 첫인상이 강렬했던 고등 교감선생님의 호출이었다. 매니저실에 노크를 하고 들어가 앉았는데 이건 또 무슨 드라마에서 볼 법한 대사인가.

"말하기대회 나가는 애들한테 글 하나씩 써 줘서 외우게 하세요."

하하 아주 당황스럽군. 나는 미소를 지으며 반박했다.

"학교 특성상 학교 명성과 상 개수 아주 중요하죠. 그런데 그렇게 못합니다."

"왜 그렇게 못하지?"

"본인이 직접 쓴 글이어야 더 잘 외워지는 법이구요. 가뜩이나 무대 위에 서면 떨린데 남이 써 준 글이 생각이 날까요? 그전에 어떻게 말하기대회 출전시키셨는지 모르겠지만 저는 상 타는 것보다 아이들에게 경험을 안겨 주고 싶습니다. 무대 위에서 한국어로 말해 본다는 것, 아이들에게는 정말 큰 경험입니다. 이번 올림피아드에서 본인이 쓴 글들로 더 상 많이 받을 테니까 지켜보세요. 가 보겠습니다. 올림피아드 준비시켜야 해서요."

방문을 닫고 나와 몇 초간 문 앞에 서 있었다. 정말 그렇게 할 수 있을까. 결과가 그렇게 안 나오면 어떡하지. 아니다. 이런 걱정할 시간에 한 명이라도 더 연습시켜야지.

잘할 수 있을까?

드디어 올림피아드 시작 날이다. '멍겐' 종합학교라는 곳에서 진행되었다. 처음 가는 곳치고는 수월하게 찾을 수 있었고 학교라기보다는 학원 느낌이 들었다. 나는 우리 학교 아이들을 찾아 자리에 앉아 응원하였고 사진도 찍어 주고 대기실에 가서 아이들도 봐 주고 정신없는 날이었다. 말하기대회는 번호 순서대로 목걸이를 걸고 차례로 발표하는 식이었다. 심사하고 결과발표까지 저녁 7시 반에 끝이 났다. 우리 학교에서는 초등부 1

명, 중등부 3명, 고등부 1명, 유학생 1명이 본선에 진출했다. 유학생은 말 그대로 한국에 6개월 이상 산 학생들을 따로 분류한 것이다. 예상치 못한 결과였지만 처음 해 보는 올림피아드 행사라서 마냥 신기했다. 본선 진출한 아이들을 또 따로 연습시켜야 했고 내일은 노래대회 날이 기다리고 있었다.

다음 날 오후에 노래대회 예선이 시작되어서 오전에 시간이 조금 있었다. 그래서 학교로 가서 아이들을 모으고 인사를 맞춰 보고 입장과 퇴장을 연습시키고 거의 1시에 흩어졌다. 우리의 순서는 열 번째였다. 떨리는 마음으로 반주를 무사히 마쳤다. 연습 때보다는 잘한 것 같았고 찍힌 동영상을 나중에 봐 보니 나름 만족스러웠다. 합창이 끝나고 부모님들이 아이들을 데리고 하나둘씩 집으로 가는 바람에 나 혼자 자리를 지켰다. 우리 학교 아이들이 나올 때 동영상을 찍고 다른 학교 아이들의 무대도 구경하였다. 거의 저녁 6시 넘어서 결과가 나왔고 초등부 합창 '숲속을 걸어요'만 본선에 진출하게 되었다. 기쁘긴 했지만 조금 당황스러운 결과였다. 이왕 본선 진출하게 된 것 좋은 결과가 나왔으면 좋겠다.

숲속을 걸어요

올림피아드가 끝나는 날이었다. 본선은 몽골 노동회관에서 진행되었다. 맨날 버스로만 지나 다녔는데 막상 들어와 보니 컸다. 올림피아드 덕분에 새로운 곳을 많이 들어와 보게 되었다. 무대 뒤쪽에 가서 피아노를 점

검했다. 이날 결과도 나오고 바로 시상도 하는 날이었다. 마음을 비우고 있었는데 말하기대회에서는 5학년 후슬렝이 상을 탔고, 중등부 1·2·3등은 우리 학교가 다 휩쓸고, 고등부는 3등, 유학부는 2등, 그리고 우리 학교가 올림피아드 1등 학교 트로피를 받고 막을 내렸다.

그리고 처음으로 노래대회에 합창으로 나갔는데 은상을 수상했다. 다른 학교들은 항상 합창으로 준비해서 대회에 참가하는데 23번 학교는 반주할 사람도 없고 합창에 소질이 없는 것 같아서 합창 부문에 참가한 적이 없었다고 했다. 매번 아이들이 개인적으로 K-POP만 준비해서 참가했었다. 그런데 내가 오자마자 합창 부문에서 은상을 탄 것. 피아노를 배워 둔 게 또 한번 빛을 발하는 순간이었다.

나는 동안이란 말인가

　23번 학교는 학년 뒤에 몽골어 알파벳을 붙여서 무슨 언어를 배우는 학생인지 구분하곤 했는데, 몽골 알파벳 처음 순서대로 'А, Б, В, Г, Д'라고 하면 4번째 붙여진 게 한국어반이었다. 학년별로 돌아가면서 선도부를 하는데 그날 영어반 학생이었을 거다. 학교가 크고 학생들이 워낙 많아서 나를 다 알리 없었다. 23번 학교에는 학교 문을 통과하면 얼굴 인식 기계가 있었다. 얼굴 인식을 해서 출퇴근 시간을 체크하는 시스템인 것. 23번 학교에 근무하는 선생님들만 인식하게 되어 있었다. 정말 여기가 몽골인지 의문이 들 정도였다. 나는 교문에 들어서며 얼굴 인식을 하려는데 1층 데스크에 서 있던 선도부 학생이 나를 불렀다.

　"야, 너 이리 와 봐."

　"나?"

　"그래, 너."

　나는 순순히 학생 앞으로 걸어갔다. 설마 나를 학생으로 본 거야?

　"너 학생이 말이야. 교복 안 입고 사복을 입고 다녀?"

　새어나오는 웃음을 참으며 나는 말했다.

　"나 교복 없는데."

　"학생이 그게 말이 돼?"

　학생은 어이없다는 듯 날 쳐다보았다. 그리고 몽골 학생들은 대부분 머리를 꼭 묶게 했다. 머리 안 묶어서 혼나는 학생들을 종종 보곤 했는데 내가 혼날 줄이야.

"너 그리고 머리 왜 안 묶어!"

"알았어. 묶을 테니까 잠깐만."

나는 얼굴 인식을 하려고 기계 앞으로 갔다. 그 안에 등록을 해서 정보가 있다면 "땡큐" 하고 기계가 대답을 해 주는데 그 말인즉슨 23번 학교에 근무하는 선생님이라는 명백한 증거였다. 그 조용한 복도에 "땡큐"가 울려 퍼지니 그 학생의 얼굴은 어떠했겠는가. 나는 머리를 묶으며 그 학생에게 미소를 지어 보였다. 23번 학교에 근무하는 선생님은 140명 정도 됐었는데 그중 나랑 친하게 지내던 선생님이 그 학생 담임선생님이었다. 아침에 있었던 해프닝을 이야기하자 선생님은 바로 그 학생에게 핀잔을 주기 시작했다.

"너는 학교에 있는 코이카 선생님 한 명을 못 알아보고. 얼른 사과 드려."

조금 민망했지만 몽골에 오면 흔히 일어나는 상황 중 하나였다.

잘 가, 2014!

길을 건너려고 신호를 기다리는데 눈앞에 국영백화점이 서 있었다. 겨울이긴 겨울인가 보다. 크리스마스 느낌 낸다고 11월 중순부터 백화점 앞을 트리로 꾸며 놓았다. 백화점 건물 위 맨 오른쪽에 있는 숫자는 해가 바뀔수록 간판 숫자가 바뀌곤 했는데 교환학생 시절 때부터 찍어 놨더라면 좋았을 걸 하는 생각이 들었다.

12월도 끝나가고 2014년도 같이 끝나가고 있었다. 한 해 절반은 몽골에 있었다는 사실에 행복했다. 우리 집에 몽골 친구들이 놀러왔고 몽골 지인들과 시간을 많이 보낼수록 회화 실력은 늘었다. 2015년에는 또 어떤 일들이 나를 기다리고 있을까. 두려움보다 아직은 기대가 앞서는 나이였다.

2 0

1 5

생일 찬스

　몽골 시내에서 30분쯤 차를 타고 가면 스카이리조트라고 겨울 레저 스포츠를 즐길 수 있는 곳이 있다. 게다가 생일날 가면 한 명 장비는 모두 공짜! 그래서 차가 있는 몽골 오빠, 1월이 생일인 친구와 함께 셋이서 완전무장하고 출발했다. 신분증을 보여 주고 장비를 착용하고 우리는 스키부터 타기 시작했다. 나는 인생 내내 썰매만 탔었는데 스키는 신세계였다. 정말 빨랐고 배우지 않아서 어떻게 타는지도 모른 채 그냥 위에서 내려왔다. 정말 무모한 도전이었다. 뼈 하나 안 부러진 게 다행이었다.

　그러고는 상급자 코스로 가는지도 모르고 곤돌라에 몸을 실었다. 스키장에 있던 곤돌라는 외부가 유리로 되어 있지 않았다. 그냥 사방이 뻥 뚫려 있는 곤돌라였다. 스키신발이 무거워 몸은 자꾸 아래로 쏠리는데 밑을 보니 그 흔한 그물망 하나 설치되어 있지 않았다. 거기다가 손에는 스키 스틱 두 개를 잡고 있느라 의지할 것은 내 엉덩이밖에 없었다. 심지어 안전벨트는 매우 허술했다. 심장이 얼마나 쫄깃해졌겠는가. 그렇게 30분을 올라가서 몽골 친구는 나를 두고 사라졌다. 그 길고 가파른 코스 구간을 나는 거의 기어서 내려와야 했다. 발에 신겨 준 신발은 또 어찌나 짱짱하게 해 놨는지 벗겨지지도 않았다. 무서웠지만 내려가는 수밖에…. 정말 다음에는 배워서 타야겠다고 절실히 생각했다. 우리는 라면을 먹으며 언 몸을 녹이고 헤어졌다.

설날

2월이 되었고 고유 명절 설날이 찾아왔
다. 몽골도 '차강사르'라고 해서 명절을
기념하는데 우리나라와 날짜가 비슷할
때도 있다. 몽골 대명절의 하나인 차강사
르. 타지에서 보내는 명절이지만 명절 느
낌을 내고자 울란바토르에 있는 동기 언
니 2명과 함께 동기 선생님들이 계시는
다르항으로 가는 버스에 몸을 실었다. 파견 후 수도를 벗어나 보기는 처음
이었다. 버스는 달리고 달려 도착했고 선생님들이 사시는 집에 처음으로
갔는데 명절 음식을 엄청 많이 준비해 주셔서 감사했다. 정말 가족들 만난
느낌이었다. 다른 지역에 있는 넷째언니가 오지 못해서 아쉬웠지만 다음
을 기약하며 그렇게 설날 명절을 보냈다.

코이카에서는 명절마다 한국 음식들을 박스에 담아서 집으로 보내 주곤
했는데 단원들이 손꼽아 기다리는 물품 중 하나였다. 한 박스를 받고 나
면 마음이 얼마나 든든해지는지 모른다. 가지런히 모아 놓고 인증샷은 물
론이고 신줏단지 모시듯 주방 서랍에 진열해 본다. 마음이 넓어지고 두둑
해진다. 타지에서 한국 음식은 보약과 다름없었다. 물론 한국 음식을 파는
곳이 있었지만 단원 활동에 대한 응원과 격려 같아서 더 기다려졌다.

한몽수교 25주년 행사

　한국과 몽골은 1990년 3월 26일 외교관계를 수립하였다. 그 이후 한국과 몽골에 각각 대사관을 개설하였으며 정부 간 조약 및 협정들을 체결하고 대통령 포함 주요 인사들이 몽골에 방문하였으며 몽골 또한 주요 인사들이 한국을 방문하였다. 보통 중국, 일본 등 한자 문화권에서는 한국을 본인 나라의 한자 독음으로 읽고, 서양 등 기타 문화권에서는 거의 다 고려에서 유래한 이름으로 한국을 부른다. Korea, Coree 등등. 그런데 몽골에서는 특이하게도 한국을 '설렁거스'라고 부른다. 뜻은 '무지개가 뜨는 나라 사람들'이다.

2015년 한국과 몽골은 수교한 지 벌써 25주년이 되었는데 광장 근처 5성급 호텔에서 열리는 한몽수교 25주년 행사에 우리 학교 학생들이 초청되었다. 한국어반 외에 다른 반 학생들과 함께 'WE ARE THE WORLD'라는 노래를 부르게 되었다. 우리 아이들 덕에 5성급 호텔도 와 보고 색다른 경험이었다. 몽골의 유명 인사들도 함께 자리했다. 연습한 대로 노래를 마친 뒤 우리는 다 같이 앉아서 만찬을 배불리 먹고 나왔다.

예체능 교육에 대한 감사함

　다른 종합학교에서 매년 3월 말에서 4월 초에 주최하는 올림피아드대회가 있다. 나는 초등부부터 고등부까지 말하기 주제를 파악하여 접수하고 참가할 아이들을 모집하여 하던 대로 원고를 쓰게 했다. 이번 합창은 중·고등학생들과 연습하게 되었다. 초등부를 연습시킬 때보다 한결 편했다. 노래대회도 마찬가지로 무대매너를 가르치고 무대 위에서 동선을 맞추어 보았다. 노래대회를 준비시키면서 들었던 생각은 의외로 음치와 박치가 많다는 점이다. 그래서 몽골은 예체능 교육을 어떻게 하고 있을까 의문이 들었다. 어느 날 아이들에게 예체능 수업에 대해서 물어보았다.

"오늘 체육시간에 뭐했어?"

"농구요."

그다음 날도,

"오늘 체육시간에 뭐했어?"

"농구요."

우리는 체육시간에 멀리뛰기, 줄넘기, 허들, 높이뛰기, 매달리기, 앞구르기 등 다양한 활동을 하며 수행평가를 진행한다. 음악시간은 어떤가. 리코더, 장구, 오카리나, 단소 등 여러 가지 악기들을 연주해 보고 악보 읽는 법도 배운다. 미술시간에는 그림 그리기뿐만 아니라 콜라주, 마블링, 찰흙을 통해 무얼 만들기도 한다. 그런데 몽골의 예체능 현실은 안타까웠다. 몽골 음악 선생님보다 내가 더 피아노를 잘 쳤으니 말 다했다. 미술도 단순히 그림 그리기만 하고 수업 커리큘럼이 그리 다양하지 않았다. 정말 우리나라가 초등학교 때부터 예체능을 다양하게 교육시키는구나 느끼고 감사했다.

전율의 수상

　　울란바토르 종합학교에서 주최하는 올림피아드 날이 다가올수록 우리는 더욱더 만발의 준비를 했다. 말하기대회 예선에서는 원고의 짜임새, 암기력 등을 보지만 본선에서는 주제에 관련된 질문에 답하는 형식이기 때문에 외워서 준비할 수도 없고 정말 그 학생의 말하기 실력을 테스트 하는

관문이었다. 예선이 끝나고 본선 진출이 확정된 아이들을 모아 예상문제를 출력하여 모의진행을 하기도 했었다.

올림피아드 마지막 날, 드디어 본선까지 끝나고 제일 열심히 말하기대회를 준비했던 랭칭먀닥과 결과를 기다리고 있었다. 사회자는 3등부터 2등, 1등을 발표했고 랭칭먀닥의 이름은 호명되지 않았다. 우리는 매우 실망스러웠지만 그래도 "괜찮아", "잘했어" 하며 격려해 주고 있었는데 1등 위에 그랑프리가 있었던 것이다.

"네. 그랑프리는 바로 23번 학교 고등부 랭칭먀닥. 축하합니다!"

우리는 너무 기뻐서 어쩔 줄 몰라 했다. 랭칭먀닥은 무대 위로 올라갔고 시상과 함께 수상소감을 듣고 있던 나는 온몸에 전율이 느껴졌다.

"이렇게 제가 그랑프리를 받게 된 것은 최선미 선생님과 꾸준히 말하기 대회를 함께 준비해서입니다. 모두 선생님 덕분입니다. 감사합니다."

눈물이 흘렀다. 우리는 주제가 너무 어려워 중간에 포기하고 싶었던 순간도 많았다. 원고를 다음 날 외워 오지 않아서 호되게 혼내기도 했었고 외워질 때까지 학교에 있다가 밤 10시가 넘어서야 집에 가는 날도 있었다. 그런 시간들이 눈앞에 주마등처럼 지나가고 있었다. 그 순간을 영상으로 남기고 싶었으나 그냥 내 마음에 간직하고 싶어서 핸드폰을 들고 영상을 찍을 새도 없었다. 정말 축하해! 우리 모두 고생했어!

다재다능한 23번 학교 예술대회

올림피아드가 끝나자마자 바로 교내 행사가 있었다. 연이어 계속되는 행사에 나는 정신을 차리기 힘들었다. 덕분에 잡생각 없이 코이카 활동에 집중할 수 있다는 것은 더없이 좋았지만.

다재다능한 23번 학생들의 예술대회… 말 그대로 대회 이름이다. 각 반마다 몽골 전통춤이나 악기 연주, 노래, 춤 등을 준비해서 발표하는 것이다. 음악 선생님들과 매니저들이 심사를 하고 전교생과 담임선생님들, 또 학부모들까지 동원되는 교내 행사. 무대는 학교 4층 대강당. 하루 종일 3일간 진행되었다. 수업을 하다가도 순서가 돌아오면 옷을 갈아입고 무대를 준비한다. 정말 몽골의 한예종이 따로 없다고 느낄 정도였다. 내가 음악단원이라는 생각이 들 만큼 교사들과 학생들의 성원에 힘입어 학년별로 준비시켰던 합창도 부른다 하여 피아노 앞에 자주 앉게 되었다. 12학년 학생들은 졸업반답게 한 편의 뮤직비디오를 연출하기도 했었다. 행사는 꽤나 재미있었고 생각지도 못한 학생들의 다양한 끼에 놀라기도 했다. 정말 행사 이름에 걸맞게 23번 학교 학생들의 다재다능함을 맘껏 뽐내는 시간이었다.

여자들의 은밀한 파티

나는 23번 학교에 파견되어 수많은 제자들이 생겼고 그중에서도 유난히 가깝게 지내던 제자들이 있었다. 엥흐톨와 그 절친인 아노징. 이 둘은 선생님 집에서 자고 싶다며 방학하자마자 우리 집에 들이닥쳤다. 부모님께는 동의를 구하지 않은 채. 물론 전화를 돌린 건 나였다.

"아, 안녕하세요. 아노징 한국어 선생님입니다. 노징이 잘 있구요.

잘 있다가 내일 보내겠습니다. 걱정 마세요. 감사합니다."

학부모님들께 직접 연락을 돌리자 걱정하지 않으셨다. 처음 해 보는 외박에 마냥 신나했던 제자 둘. 우리도 어렸을 때 학교 수련회를 가거나 친구 집에서 자게 되면 불을 끄고 이불 속에서 비밀 이야기를 하던 때가 있지 않았나. 별거 아닌 이야기에도 괜히 움츠러들고 웃음이 피어오르던 때. 이 아이들에게도 선생님 집에서의 외박은 그런 것과 같은 것이다. 맛있는 음식도 먹고 제일 좋아하는 음료수를 사서 마시며 연애 이야기, 학교 이야기 등 신나게 이야기꽃을 피웠다.

"선생님, 저 고백 받았잖아요."

"너 썸남 있잖아. 어떻게 하려고~"

"봐서 정리하든 해야 하는데 고민이네요 정말."

"원래 인기 많은 게 피곤한 거야. 참 피곤한 삶을 산다 너네."

"선생님은요? 선생님도 있죠. 말해 봐요 빨리~"

"야, 있긴 뭐가 있어. 갈아입을 옷 줄게. 잠깐만."

엥흐톨과 아노징은 한국에 산 적이 있어서 한국어로 자유자재로 이야기할 수 있었다. 나도 간만에 한국어로 수다를 떨었더니 웃음이 끊이질 않았다. 근 1년 동안 수고한 나에게 다시 선물 같은 몽골 여름이 찾아왔다.

올림피아드 포스터

몽골은 3개월 동안 날씨가 너무 좋아서 사람들이 다 시골로, 여름집으로 사라진다. 여름집이란 수도에서 벗어나 여름 동안 몽골 사람들이 지내는 곳을 말하는데 거의 여름에만 살기 때문에 붙여진 이름이다. 몽골에만 존재하고 몽골어로 여름집을 의미하는 단어가 따로 있을 정도이다. 그래서 몽골 사람들은 여름에 도시에서 사라진다. 잠수를 타도 이런 잠수가 없다. 그래서 방학하기 전 가을에 있을 큰 행사 올림피아드에 대한 회의를 했다. 여러 가지 일들을 나열하고 분배하기 시작하였는데 그중 올림피아드 포스터 제작이 있었다. 나는 내가 하겠다며 손을 들었고 사람들은 '큰 골칫덩어리였는데 너가 한다고 해서 고마워'라는 눈빛이었다. 사실 친구 중에 포토샵을 잘하는 친구가 있어서 재능 기부하라며 부탁했다.

포스터에는 올림피아드도 들어가야 하지만 한몽수교 25주년의 의미도 들어가 있어야 했다. 그래서 친구가 생각해 낸 아이디어는 가운데 25라는 숫자를 배치하고 정장을 입은 두 나라의 정상 간 만남을 표현한 악수하는 손 안에 한국 국기와 몽골 국기를 넣자는 것. 그리고 아래에는 제9회 전국 한국어 올림피아드를 한국어와 몽골어로 넣고 기간과 주최하고 후원하는 곳의 로고를 아래쪽에 배치했다. 그리고 위쪽에는 한글이 흘러내리는 배경을 디자인했다. 우리는 여름방학 동안 학교에 출근해서 디자인 작업을 했다. 당연히 그냥 부탁한 건 아니고 적당한 몫을 지불했다.

포스터를 제작한 후 크게 프린트하기 전에는 대사관으로 찾아가 참사관님께 보여 주고 재수정하기를 반복하여 최종결정이 났다. 이 후 대강당 무대 뒤에 거는 큰 포스터와 학교 앞에 걸어 둘 긴 포스터 등 사이즈를 다양하게 해서 인쇄를 맡겼다. 올림피아드가 시작되기 며칠 전부터는 학교 어딜 가나 올림피아드 분위기를 풍길 수 있게 붙여 놓았다. 역시 세상에 쉬운 일은 없다고 했나.

몽골의 졸업식은

23번 학교를 떠나는 학생들을 위한 졸업식이었다. 내가 파견되기 전 입학식을 했던 장소에서 똑같이 무대를 설치하고 상장을 수여하고 졸업을 축하했다. 이렇게 1년간의 활동도 마무리가 되는구나 싶었다. 한 졸업생이 눈에 들어왔다. 몸에는 몽골 국기 모양을 한 두건이 걸쳐져 있었다. 앞쪽에는 수많은 메달이 달려 있었다. 이 남학생은 수업 시간에 하도 뺀질거려서 내 속을 상하게 했었는데 운동 분야에서는 재능이 있었나 보다. 자기가 지금껏 받은 메달들이라고 했다. 화려했고 장관이었다. 몽골에서만 볼 수 있는 졸업식 모습이었다.

대학생들도 마찬가지로 여름에 졸업식을 하는데 꼭 델을 입고 수흐바타르 광장에서 인증샷을 남긴다. 재미있는 문화였다. 한국은 졸업식 문화라고 한다면 밀가루를 뿌리는 등의 문화가 있었는데 몽골은 그냥 샴페인을 터뜨리는 정도의 세리모니만 있었다.

변함없는 우정

그렇게 방학을 했고 몽골에도 제일 좋은 계절 여름이 시작되었다. 친구들은 인천공항에서 출발한다는 인증샷을 보내왔고 나는 몽골 오빠들 둘과 함께 공항으로 나갔다. 몽골공항에는 조그마한 화면으로 비행기에서 내려 체크인을 위해 들어오는 승객들을 보여 주는 게 있는데 반가운 친구들의 모습이 보였다. 우리가 몽골에서 뭉치다니!

나는 들뜬 마음에 오빠들과 몰래카메라를 준비했다. 나 말고 오빠 둘이서 택시기사인 척하고 둘을 차에 태우면 나는 그 모습을 지켜보다가 뒤늦게 차에 타는 작전이었다. 내가 픽업 나간 걸 뻔히 알면서도 순순히 따라가는 친구들이었다. 아니, 저렇게 순순히 차에 타다니… 말도 안 돼. 오히려 내가 당황해서 차로 달려가 문을 열었는데 친구 한 명이 나를 보고 눈물을 쏟는 것이었다. 살짝 무서웠다며… 나중에 들어 보니 '따라가면 그곳에 선미가 있겠지.' 생각했다고 했다.

그렇게 몰래카메라는 성공적(?)이었고 집으로 가는 길에 수흐바타르 광장에 잠깐 들러 사진을 찍고 우리 집으로 향했다.

"와~ 최선미 집 좋은데!"

"내가 너네 온다고 좋은 집 좀 구해 놨지."

괜히 뿌듯했다. 사실은 내가 아는 지인들이 몽골 여름을 꼭 봤으면 하는 염원을 담아 나름 좋은 집을 얻으려고 했었다. 우리는 반가운 나머지 짐을

푸는 것도 잊은 채 연신 셀카를 찍어 댔고 새벽 3시 넘어서 잠이 들었다.

아침에 일어나서 울란바토르 시내를 좀 벗어나 테렐지 국립공원으로 향했다. 친해진 몽골 친구가 한 명 있는데 집이 좀 부자여서 내가 붙인 친구의 닉네임은 '금수저'. 친구 어머니는 식당과 뷰티숍을 운영하고 계셨고 그 외에 여러 가지 사업을 하고 계셨다. 이 금수저와는 아는 지인을 통해 알게 되었고 동갑이어서 더 친하게 지낼 수 있었다. 친구는 차도 있었고 시간도 있어서 친구들이 오기 전 테렐지에 함께 가 줄 것을 부탁했었다. 흔쾌히 허락해 주었고 금수저 친구들과도 함께했다.

차 옆에 함께 지나다니는 자유로운 말들과 소, 동물들을 보며 친구들은 놀라워했다. 그리고 끝없는 초원, 손에 닿을 것 같은 하늘을 보며 마음이 트였을 것이다. 몽골의 관광명소인 '천진벌덕'과 '거북바위'를 보여 주었고 내 친구들답게 몽골 현지 음식도 잘 먹어 주었다. 그렇게 선미투어는 순조롭게 잘 이루어지고 있었다.

다음 날은 느긋하게 일어나서 한식을 먹고 '카페○네'에 가서 음료를 테이크아웃 한 후 기념품을 사러 백화점 맨 위층으로 향했다. 각자 선물도 사고 추천도 해 주고 기념품을 이용해 셋이서 사진도 많이 남겼다.

재밌었다. 예쁜 기념품들이 많다며 친구들은 시간가는 줄 몰라 했다. 선물 구입을 마치고 저녁에는 금수저 친구 차로 자이승 전망대로 향했다. 게르에서 석탄을 떼지 않는 여름밤의 울란바토르는 환하게 빛나고 있었다. 전망대 꼭대기로 향하는 계단이 많았지만 함께여서 그리 힘들지 않았다. 밤이라 조금 쌀쌀했지만 나마저 다른 나라에 여행 온 듯 우리 셋은 사진을 남기며 신나했다.

친구들이 있는 동안 날씨는 너무 좋았다. 내가 입이 닳도록 칭찬할 만한 몽골의 여름 날씨. 정말 파라다이스가 따로 없었다. 광장을 가는 날에도 구름 한 점 없이 쨍쨍했다. 오늘은 별이 참 잘 보이겠다 싶었다. 우리는 오랜만에 위에 기름칠을 하러 광장 근처에 있는 양식집인 '베란다'로 향했다. 단원들 사이에서 유명한 양식 맛집. 마침 테라스에 자리가 비어서 앉고 크림파스타와 샐러드 그리고 피자를 시켰다. 그리고 저녁으로는 내가 만든 떡볶이를 먹으며 하루를 마무리하였다.

별은 다음 날로 넘어가는 새벽에 보러 가기로 했다. 공항에 같이 갔던 오빠 둘과 함께. 친구들은 몽골 도착한 날 공항에서 몰래카메라 당한 일이 억울해 우리 셋이 싸웠다는 설정으로 몰래카메라를 열심히 했는데 반응은 시큰둥했다. 역시나 싸워 본 적 없는 우리는 발연기로 인해 결국 1분 만에 탄로 나고 말았다. 여름이라도 몽골 여름은 아침저녁으로 쌀쌀하다. 더구나 별을 보러 가는 장소가 시내 외곽이었고 새벽이어서 두꺼운 옷을 총동원해 친구들을 입히고 나도 외투를 챙겼다. 몽골의 별을 제일 보고 싶어 했던 친구들.

차를 타고 2시간쯤 달려 별이 잘 보이는 곳에 도착했는데 정말 감감했다. 소리가 나서 불빛을 비춰 보니 옆에는 소떼들이 있었다. 별 보려다가 뿔에 받힐 뻔했다. 같이 가 준 오빠 한 명은 포토그래퍼였는데 사진기를 가져와서 우리들의 인생샷을 여러 컷 찍어 주었다. 고마웠다. 나도 오랜만

에 별을 봤고 친구들과 함께여서 너무 좋았다.

그렇게 정신없이 사진을 찍고 집에 내려다 준 시간은 새벽 5시 반… 그 날 일정은 아무것도 없었다. 우리는 알람 없이 눈이 떠진 시간에 일어났고 집에서 밥을 해 먹고 이런저런 이야기를 나누며 팩도 하고 저녁에는 영화도 봤다. 셋이서 평생 찍을 사진을 하루 만에 찍은 느낌이 들 정도로 마구 사진을 찍어 댔다. 직장인이었던 친구 둘은 오랜만에 이렇게 잉여생활을 즐겨 본다며 내가 짠 일정에 매우 만족해했다. 내일 벌써 한국에 가는 날 이었다. 최대한 덤덤하게 헤어져야지. 다음 달에 가족들이 오니까.

정말 알찬 일주일이었다. 너무 행복했고 그간 고생하고 외로웠던 것들에 대한 위로 같았다. 몽골까지 와 준 친구들이 너무 고마웠다. 다음 날 아침이 밝았고 캐리어를 끌고 집을 나섰다. 나는 웃으며 친구들을 보냈고 다시 나 혼자인 일상으로 돌아왔다.

1주년 동기여행

우리 92기 몽골팀은 파견 1주년을 맞이하여 동기여행을 계획했다. 3박 4일간의 일정이었고 장소는 아르항가이. 내가 맨 처음 가게 될 곳이라고 생각했던 곳을 드디어 가게 되었다. 코이카에서 나누어 준 봉사활동 안내서에 의하면 아르항가이는 울란바토르 시에서 463㎞ 떨어진 곳에 있다. 중심 도시는 체체를렉이며, 기후는 변덕스럽고 7월은 영상 10~18℃이다. 아르항가이에는 유네스코에서 지정한 세계문화유산인 어르헝 폭포와 13~14세기 광대한 칭기즈칸 제국의 수도였던 하르허름도 있다. 어르헝 폭포는 200년 전 화산 폭발과 지진으로 형성되었다고 하는데 폭포 근처 거대한 화산 폭발 지역도 있다고 한다.

우리는 울란바토르에 모여 총예산을 걷고 필요한 물품들을 샀다. 그리고 터미널에서 아르항가이로 가는 버스를 타고 7시간 후 버스에서 내릴 수 있었고 아르항가이에 있는 단원들과 저녁식사를 같이 했다. 그리고 집에 초대되어 다과를 하고 동네를 둘러보았다. 저녁에는 예약한 숙소에서 첫날밤을 묵었다. 꽤 안락하고 깔끔했다.

다음 날 아침, 미리 구해 놓은 이스타나 차량이 숙소 앞에 도착해 있었다. 차를 타고 음악을 틀고 비포장 길을 달리고 달려 화산지형에 도착했다. 정말 컸다. 위에서 푹 파인 아래쪽을 보고 있으면 마치 빨려 들어가는 듯한 기분이 들었다. 절로 다리가 후들거렸다. 이곳으로 들어가는 비용은 3,000투그릭(한화 1,500원). 근처에서 단체사진을 찍고 우리는 어기호수로 향했다. 오늘밤은 호수 옆에 있는 게르 캠프에서 자기로 했다. 저녁으로 양고기 음식 허르헉을 해 주셨고 너무나 맛있게 먹고 잘 준비를 하였다.

나는 드디어 처음으로 게르에서 자게 되었다. 게르에서 자는 건 생각보다 추웠다. 가운데 있는 난로에 나무를 계속 넣어서 불을 떼 줘야 했다. 우리는 사다리타기로 시간을 정했는데 하필 나는 3시에서 4시 사이가 걸렸다. 오늘 밤 자긴 글렀다. 세수하려고 밖으로 나왔는데 하늘에 수없이 많은 별들을 보며 감탄밖에 나오지 않았다. 너무나 아름다웠고 우주 전체가 나를 감싸 안는 느낌이었다. 찬물로 대충 세수를 하고 나무 넣어야 하는 시간 때문에 잠을 안 자는 게 낫겠다 싶어서 밤을 샐까 했는데 나도 모르게 잠들어 버린 것. 춥다 못해 일어난 큰언니가 내 대신 나무를 넣어 주어서 아침까지 잘 잘 수 있었다. 막내였던 나는 밤새 추워서 오들오들 떨었던 이야기를 하며 언니들의 핀잔을 들어야 했다. 정말 미안했다.

벌써 여행의 마지막 밤이었다. 호수를 뒤로하고 우리는 온천을 하러 쳉헤르로 향했다. 역시나 달리고 달려 오후쯤 도착해서 숙소를 잡고 저녁을 먹었다. 온천을 할 수 있는 곳은 생각보다 작았다. 나는 반신욕만 했고 따

뜻한 물에 몸을 담그고 우리는 마지막 밤
에 이야기꽃을 피우며 마무리하고 있었
다. 우리는 게르 말고 침대가 2개씩 있는
나무판자로 만든 방에서 잤었는데 정말
새벽 내내 너무 추워서 몸을 세상 웅크
리고 자는 듯 마는 듯 아침이 오기만을
기다렸다. 아찔한 추위였다. 극심한 추
위도 고통 중에 하나라는 걸 느끼는 새
벽 밤이었다.

우리는 아침 일찍 울란바토르로 출발했다. 선생님과 언니들과의 여행은
재미있었다. 그리고 처음 가 본 아르항가이도 너무 좋았다. '이 지역에 파
견되었다면 나의 이야기도 달라졌겠지?'라는 생각이 들었다. 울란바토르
로 오는 길에 옛 수도였던 하르허름에 들렀다. 하얀색의 성벽 같은 벽들이
둘러싸여 있었다. 다시 달리고 달려 무사히 잘 도착했고 걷은 여행경비가
꽤 남아서 울란바토르백화점 근처에 있는 '캘리포니아' 식당에서 만찬을
먹었다. 한 상 빽빽하게 음식을 시키고 음료도 시켜 우리 여행의 마지막을
장식했고 남은 1년을 파이팅하며 헤어졌다.

스마트교실 준공식

한국어교실에 스마트교실이 설치되어서 준공식 행사를 준비했다. 행사 때마다 부채춤을 추는 아이들에게 옷을 갈아입게 하고 대형을 갖추고 음악을 틀고 연습을 하고 다른 아이들에게는 한복을 입혀 태극기를 손에 쥐게 한 뒤 한 줄로 서서 인사를 하게 했다. 그렇게 학교에 도착한 손님들은 1층 교장실에서 티타임을 가진 후 2층 한국어교실에 와서 나의 회화수업을 참관하고 3층에 설치된 스마트교실을 방문한 다음, 4층 강당에서 공연을 보시고 학교 앞에서 단체사진을 찍는 순서였다. 행사 순서는 항상 이랬다. 방학 하고 나서 아이들을 오랜만에 만나서 그거 하나 반가웠다.

감격의 하루하루

정말 2015년 여름은 길이길이 기억될 것이다. 방학을 하고 아버지와 보이스톡을 했었다.

"딸, 방학도 했으니까 한국 와야지~"

"아니, 나는 갈 생각 없는데. 저 보고 싶으면 세 분이서 몽골 오세요."

나는 넌지시 던진 말이었는데 셋은 처음으로 여권을 발급받고 비행기 탈 준비를 하고 있었다. 아버지는 걱정이 산더미만 해서 나를 몽골에 보낼 때마다 흔쾌히라기보다는 항상 걱정 가득한 얼굴이었다. 그런 아버지가 엄마랑 오빠와 함께 몽골에 온다니 나는 너무 감격스러워 그날만을 학수고대하고 있었다. 집을 깨끗이 청소하고 지인들을 동원해 여행 일정을 짰다.

드디어 그날이 왔다. 지인과 같이 공항으로 향했다. 나는 걱정이 많았다. 해외여행도 처음이고 비행기도 이렇게 오래는 처음 타는 거고 가족들의 얼굴이 어두우면 어떡하지 라는 생각을 많이 했다. 그런데 웬걸… 셋이서 밝은 얼굴로 나오는 거였다. 너무 반가웠고 몽골에서 넷이 모이다니 신기할 따름이었다. 공항에서 인증샷을 남기고 우리 집으로 향했다.

"야, 니가 우리 중에서 제일 성공했다야."

"집이 크고 넓네."

가족들 입에서 칭찬이 자자했고 나는 뿌듯하면서도 걱정을 조금 놓을 수 있었다.

"그래~ 아빠엄마 딸 몽골 오면 이렇게 좋은 집에 산다니까~"

나 그리고 몽골

다음 날 점심을 먹고 바로 테렐지 국립  공원으로 향했다. 오빠가 제일 기대했었 던 천진벌덕을 보러 가는 날이었다. 그 런데 몽골 금수저 친구가 갑자기 일이 생겼다고 해서 이렇게 선미투어 일정이 흐트러지는 건가 싶었지만 다행히 금수 저 남자친구가 운전해 주어서 다녀올 수 있었다. 드넓은 초원을 달리며 가족들은  좋아했다. 앞으로 가족들에게 몽골 구석 구석을 보여 줄 생각에 기분이 들떴다.

천진벌덕 구경 후 연이어 거북바위로 향했다. 광대한 자연경관을 보며 제 대로 힐링하는 시간이었다.

벌써 셋째 날이 밝았다. 오전시간에 근무하는 학교를 보여 주려고 갔는 데 계단과 벽에 페인트칠을 하고 있어서 아쉽게도 한국어교실을 보여 주 지는 못했다. 그래서 학교 1층과 앞에서만 사진을 찍고 학교 방문은 끝. 그 리고 수흐바타르 광장으로 갔다. 수흐바타르 광장은 몽골 시내의 랜드마 크처럼 중앙에 크게 자리 잡고 있어서 절대 그냥 지나칠 수 없는 장소이 다. 여름이라서 그런지 꽃으로 겉을 장식한 게르와 꽃으로 만든 낙타모형 들이 있었다. 그리고 저녁을 먹고 난 후 자이승 전망대에 올라가 구경하고 사진도 찍고 집으로 돌아왔다. 내일은 3박 4일간 에르데네트에 가기로 했 기 때문에 우리는 짐 정리에 여념이 없었다. 행복한 하루하루였다.

내가 처음 간 몽골 에르데네트로 가족들과 6년 만에 함께 가다니 감회가 남달랐다. 3박 4일간 초원에서 수련회가 있었고 우리 가족은 함께 다녀오기로 했다. 관광버스에 나란히 앉아 6시간 넘게 달렸을까. 초원의 수련장에 도착했다. 주최 측의 배려로 통나무로 만든 숙소에서 숙박을 하게 되었는데 우리가 옷을 너무 얇게 챙겨가서 그런지 겨울 파카가 생각날 정도로 엄청 추워서 잠을 설쳤다. 새벽에 이렇게까지 추울 줄은 생각도 못했던 것이다. 화장실은 당연히 재래식이었다. 3박 4일간 지내는 것이 불편하지 않을까 걱정했지만 우리 넷은 그럭저럭 적응하며 좋은 시간을 보내고 있었다. 시골에 올 테니 별 보는 일정을 따로 잡아놓지 않았는데 에르데네트에 있는 내내 날씨가 흐리고 구름이 많아서 3박 4일 동안 우리는 별을 보지 못해 너무 아쉬웠다.

마지막 날 수련회 참석하신 분들과 모임을 가졌다. 비가 조금씩 내리고 있었다. 엄마, 아버지, 나, 오빠 순으로 앉았고 엄마와 오빠는 덤덤히 이야기하고 끝이 났다. 아버지 차례가 돌아왔는데 처음에 잘 나가다가 아버지의 몸이 떨리는 것을 느꼈다. 아버지는 울먹임을 간신히 참으며 겨우 한 문장을 말하기 위해 애쓰고 있었다.

"우리 딸이 몽골을 진짜 사랑합니다… 앞으로도 제 딸에게 아빠, 엄마, 언니… 가족이 되어 주시길 바랍니다."

아버지는 울 생각이 전혀 없었지만 준비한 말은 안 나오고 머릿속이 하얘지면서 저 문장만 생각났다고 했다. 통역하시는 분도 울고 듣고 있었던 몽골 사람들도 말은 통하지 않지만 부성애가 느껴졌는지 울고 있었다. 비인지 눈물인지… 비가 내려 준 게 고마운 순간이었다. 그리고 드는 생각은 하나였다. 앞으로 남은 1년, 이 순간만 기억하고 산다면 나는 아무것도 두

려울 게 없겠다. 아빠의 눈물이 왠지 모르게 아주 큰 위로가 되는 순간이었다.

몽골에서의 마지막 날. 나와 가족처럼 가까이 지내는 몽골 모녀와 점심식사를 했다. 나는 중간에서 통역을 했는데 무척이나 재미있었다. 언어는 통하지 않지만 몽골 엄마와 몽골 여동생과 우리 가족이 함께 식사를 하고 있다니 그것마저 신기했다. 마음은 언제나 통하기 마련이었다. 중간시간에 남은 기념품 쇼핑을 하고 저녁에는 여름집으로까지 초대되었다. 우리 가족이 뭐라고 귀한 손님이 왔을 때 대접한다는 양고기 음식 허르헉까지 만들어 주셨다. 그날은 비가 와서 조금 더 쌀쌀했다. 나는 몽골 또래 친구들도 많았지만 지인들 중에 결혼을 한 언니, 오빠들과도 친했다. 그 모습을 보고 아빠는 더욱 안심했다고 했다.

"너네 또래들이랑만 친한 줄 알았는데 가정이 이렇게 우리를 초대해 주고, 가족끼리 이렇게 모여서 식사하고 너무 감사하네. 우리 딸이 열심히 살았나 보다…."

허르헉은 집안의 제일 나이 많은 어른이 칼로 한 조각씩 나눠 주는 풍습이 있다. 그래서 아버지가 양고기를 한 조각씩 나눠 주었고 너무 좋은 시간을 보냈다. 몽골 가족들 덕분에 나의 몽골 생활은 든든하고도 걱정이 없었다.

솔직한 후기

Q. 몽골에 대한 첫인상은?

A. **아버지)** 광활하다. 우리 딸을 만난다는 생각 하나로 갔었습니다. 가기 전 몽골에 대한 선입견이 있었는데 경비행기가 많이 흔들리고 열악하다는 생각으로 걱정이 많았었죠. 그리고 있는 동안 '왜 이렇게 졸리지?' 하고 커 피를 계속 타 마셨었습니다. 그리고 딸내미 집이 생각보다 좋더라고요.

Q. 제일 기억에 남았던 것은?

A. **아버지)** 수련회에서 소감 이야기할 때 나는 재미있는 에피소드를 이야기하려고 했었는데 나도 울 줄은 몰랐고 '이 아이는 몽골을 사랑하는 몽골의 딸이다', '몽골의 딸이 됐다'라고 이야기를 했었고 또 몽골 엄마와 동생과 같이 식사했던 것, 그리고 여름집에 초대되었던 게 가장 기억에 남습니다. 제가 제일 어른이라고 앞다리쪽 양고기를 한 조각씩 순서대로 나누어 주는 풍습을 보고 상당히 배려해 주는 것을 느꼈고 또 딸이 열심히 산 것에 대한 보상이랄까. 대접받는 느낌도 받았고요. 그날 비가 왔었는데 산 언덕배기에 여름집이 있었는데 너무 와일드하게 운전을 해서 올라 가길래 이거 차가 뒤집어지는 거 아닌가 하고 굉장히 불안했었어요. 식사를 하면서 몽골 사위 어떠냐고 계속 물어봤는데 실례가 될까 봐 웃으면서 거절을 했었죠. 문화가 다르고 쉽지 않을 거라는 생각에 딸 인생이 힘들어질 것 같은 상상까지 했었으니까요. 그리고 칭기즈칸 후예라는 자부심이 상당하다는 것도 느꼈고요.

Q. 몽골에 대한 생각은요?

A. **어머니)** 일단 딸을 통해 몽골이라는 나라를 더 자세히 알게 되었습니다. 본인이 하고 싶은 것을 하는 게 좋아 보였고 젊었을 때 해 보고 싶은 거 하는 걸 말리고 싶지가 않았어요. 또 할 수 있을 때가 있는 거니까요. 2015년에 몽골에 갈 생각이 전혀 없었는데 거의 끌려갔죠(웃음). 정말 가면 딸을 볼 수 있다, 라는 생각 하나로 갔었어요. 그런데 다행히 비행기가 생각보다 편안했어요. 공항에 처음 내렸을 때는 뭔가 여름이 시원해서 그랬나

싸늘하고 삭막한 느낌까지 들었었죠. 허허벌판에 놓여진 느낌이랄까… 여권 보여 주고 통과할 때는 말이 안 통하니까 아들이 손짓발짓하는데 '못 나가게 하는 거 아니야?'라며 긴장도 됐어요. 나와서 보니 나오고 있는 사람들을 보여 주는 화면이 있던데 처음 봤어요. 역시나 딸집은 넓고 좋았어요. 몽골이라는 나라가 가까우니까 해외라는 느낌은 많이 없었고 사람들이 처음에는 험해 보였지만 착하고 정이 많다는 걸 나중에 알게 됐어요. 선미가 중간중간 몽골어를 하는 모습을 봤는데 내 딸이 아닌 것 같더라고요. 그런데 남들이 다 할 수 없는 외국어를 하니까 뭔가 뿌듯했습니다. 몽골에 보낼수록 안전하다는 느낌이 커졌고 걱정이 되지 않았어요. 본인이 원하고 선택해서 간 거라서 부모 입장에서는 그래요.

Q. 가장 기억에 남는 것은요?

A. 어머니) 시골에 가서 재래식 화장실을 오랜만에 간 거였죠. 그리고 세면시설이 따로 없고 물통에 물을 넣어서 누르면 아래로 물이 나오는 통이 있었는데 그 시대에 그런 모습을 보니까 과거로 돌아간 느낌이었어요. 별을 제대로 못 봤지만 드넓은 초원이 가슴을 뻥 뚫리게 했었고 몽골 음식에 대한 부담감이 없었고 야채들이 가미가 되어 있어서 안 맞는 음식은 없었습니다. 여름집에 가서 식사대접을 받았을 때 음식 양이 많아서 놀랐고 또 밝은 모습으로 저희들을 대해 주어서 고마웠던 기억이 납니다.

Q. 몽골 어땠나요?

A. 오빠) 부모님과의 첫 해외여행이라서 굉장히 설레고 긴장되는 마음

이었습니다. 공항에 내려서 나오는데 '여기가 정말 몽골인가?' 하늘이 맑고 정말 시원하더라고요. 첫날 선미 집에 도착했을 때 아파트 입구와 출입문은 뭔가 허름해 보였지만 집은 좋았어요. 15층 아파트. 에르데네트로 가는 길은 비가 와서 그런지 스산했고 엄청 멀게 느껴졌었어요. 6시간 버스 타고 가야 한다는 말에 긴장도 됐습니다. 하지만 그 순간 자체는 가족과 함께여서 행복했어요. 그리고 몽골 초원을 달리면서 그때부터 정말 넓은 마음을 가지게 되었습니다. 사진으로만 봤었던 천진벌덕에 도착했을 때는 정말 인상 깊었습니다. 몽골이라는 나라에 대해서 더 배워 보고 싶다는 마음이 들었습니다. 여름집에 초대되어 양고기 음식을 먹었을 때는 조금 비릴 것 같아 걱정했는데 생각보다는 먹을 만해서 맛있게 먹었고 저희를 배려하기 위해 김치와 콜라를 같이 주서서 감사했습니다. 그리고 선미가 몽골 사람들과 소통이 돼서 그런지 어떤 것도 거부감이 크게 들지 않았습니다. 또 내 동생이 몽골어를 구사하는 모습에 정말 신기했고 이질감이 느껴지면서도 놀랬죠. 자랑스러웠습니다.

현지평가회의

파견이 되고 나서 처음 해 보는 코이카 행사였다. 1년에 한 번씩 단원들이 모두 모여 회의 및 평가를 하는 시간이다. 몽골은 여름에 날씨가 제일 좋기 때문에 지방단원들도 쉽게 수도로 모일 수 있는 시기였다. 나는 가족들이 갔다고 슬퍼할 시간도 없이 현지평가회의에 참석했다.

하루였지만 내 활동도 돌아보고 오랜만에 사무소직원들과 단원들과 즐거운 시간을 보냈다. 무엇보다도 동기들을 만나는 기쁨이 제일 컸다. 서로 여름에 무엇을 했는지 어떻게 지냈는지 이야기꽃을 피우며 우리 동기들은 몽골 사진관에서 몽골 전통옷(델)을 입고 기념촬영도 했었다. 재미있었다. 역시 동기 사랑이 최고다.

제9회 전국 한국어 올림피아드

그렇게 빠르게 여름은 끝나고 개학과 동시에 제일 큰 행사인 올림피아드가 다가오고 있었다. 9월과 10월은 그냥 학교에 반납인 셈이다. 평일에는 한국어수업 진도를 맞춰야 해서 정상수업을 하고 시간이 빌 때마다 참가 아이들에게 말하기대회, 노래대회를 준비시켰다. 그 와중에 올림피아드 주관학교이기 때문에 여러 학교에서 접수하러 오면 그 일처리도 해야 했다. 그리고 주말에도 역시 대회준비와 연습을 하고 토요일마다 대회를 진행했다. 대회로는 한국어 실력경시대회, 한국어 말하기대회(예선/본선), 한국어 노래대회(예선/본선), 글짓기대회, 예쁘게 쓰기대회, 그림 그리기대회가 있었다. 대회가 여러 개이다 보니 참가하는 학생마다 접수한 대회를 표시하고 사진과 이름, 학교 등 접수내역을 출력하여 목걸이처럼 걸게 했다.

생각보다 자질구레한 일들이 많았다. 되는 대로 해당 분야의 단원들에게 심사위원을 요청하고 한인회 단체 한국분들에게 전화를 돌려 참석하여 자리를 빛내 주실 것을 당부했다. 예선과 본선 순서도 접수한 아이들을 따로 엑셀파일로 관리해야 했고 순서도 뒤섞어 놔야 했다. 그리고 심사위원들의 점수 적는 칸에도 학교가 섞이게 아이들을 배치하고 당일 날 오지 않는 학생을 미리미리 알려 주어 혼선이 없게 했다. 올림피아드에 대한 세부 일정과

주제, 날짜들을 정한 후 출력해서 하나씩 나눠 가지고 일정에 따라 미리미리 체크하고 준비해야 했다. 정말 정신 차리지 않으면 소화해 낼 수 없는 일정이었다. 개학식을 하고 또 따로 올림피아드 개막식을 했다. 몽골의 날씨도 점점 추워지고 있었다.

제일 중요한 메인 일정은 9월 29일부터 10월 8일까지였고 주최는 주몽골 대한민국 대사관, 주관은 몽골 외국어 23번 종합학교였다. 말하기대회와 글짓기대회, 그림 그리기대회 주제를 '소통'으로 통합했다. 그래서 초등부는 '만나면 반가운 사람', 중등부는 '마음에 맞는 친구', 고등부는 '마음 나누기', 유학부는 '살면서 겪은 문화 충격'이었다. 9월 7일을 시작으로 참가하는 학교들에 한해 공문과 포스터를 발송하고 안내문과 초청장을 보냈다. 그리고 11일에는 타 학교 선생님들을 초청하여 한국어 올림피아드 관련 설명회를 하고 14일부터 25일까지는 접수 기간으로 정했다. 그리고 10월 8일에 시상식을 끝으로 올림피아드는 막을 내렸다.

우리는 광장 근처에 있는 어린이회관을 빌려 마지막 올림피아드 날을 장식했다. 특히 말하기대회와 노래대회의 본선과 시상식을 함께하는 날이어서 아침부터 정신이 없었다. 포스터는 여전히 빛을 발했고 준비하는 선생님들과 학생들, 한복을 입고 서 있는 학생들과 다른 학교 아이들, 학부모들까지 꽉 찬 성대한 행사였다. 이번 상장의 콘셉트는 두루마리 상장이었다. 몽골 전통 글자로 상장과 이름을 써서 선물처럼 시상하였다. 뭔가 특별하고 뜻깊었다.

처음부터 끝까지 함께 준비하고 진행했던 한국어반 선생님들, 함께해준 아이들, 23번 학교 기관장 및 선생님들께 감사했다. 몸은 피곤했지만 어쩌면 내 파견의 제일 큰 의미였던 제9회 올림피아드를 무사히 그리고 성대하게 잘 마칠 수 있어서 스스로도 너무 뿌듯했다. 이제는 행사의 달인이 된 것만 같은 기분이었다.

2 0

1 6

몽골 친구 아노의 결혼식

아노는 한국에서 공부를 했었고 나와 마음이 잘 맞아서 가깝게 지냈었다. 그러던 중 결혼을 하게 돼서 다르항으로 가게 되었고 결혼식 역시 그곳에서 하게 되었다. 친해진 지 얼마 안 됐는데 이렇게 빨리 헤어지게 되어서 아쉬웠지만 축복해 줘야 했다. 결혼식 당일, 친한 몽골 언니와 나는 메이크업을 도와주고 친구를 챙겨 주러 조금 더 일찍 다르항으로 출발했다. 우리도 챙겨간 옷으로 갈아입고 결혼식이 진행되었다. 아노는 새신랑이 감기가 잔뜩 걸렸다며 걱정했었다. 식장에 들어가며 새신랑 얼굴을 살펴봤더니 얼굴이 아주 하얬다.

"괜찮아요?"

새신랑은 애써 웃어 보이며 대답했다.

"네…."

그런데 주례를 하는 도중 새신랑이 옆으로 쓰러졌다. 얼마나 놀랬는지 나도 모르게 괴성을 지르고 말았다. 컨디션도 안 좋고 긴장도 되었던 모양이다. 다행히 결혼식을 잘 마치고 그날 밤 11시에 울란바토르에 도착했다.

막무가내 학부모

몽골의 학교는 이상하다. 여름방학은 3개월이고 겨울방학은 3주다. 이렇게 추울 거면 겨울방학을 더 길게 해야 하는 것이 아닌가. 11월 말에는 아이들 감기 걸린다고 예방주사 맞힐 기간을 주느라 중간에 일주일이나 쉬면서…. 그렇게 짧은 겨울방학이 끝나고 개학을 했다.

몽골의 초·중·고는 우리 한국 교육 시스템과는 다르게 4학기 제도이다. 그래서 4번 시험지를 만들고 4번 채점을 하고 4번 성적을 낸다. 학기마다 성적표를 든 아이들은 부모님 손을 잡고 교사와 면담을 하러

왔다. 수업하는 학생들이 많아서 그만큼 만나야 할 학부모들도 많았다. 나는 한쪽에는 시험지, 한쪽에는 출석부를 놓고 기다렸다. 학부모들은 다들 퇴근하고 오기 때문에 학부모 면담이 있는 날이면 밤 10시 지나서 퇴근을 할 수 있었다.

앉아서 기다리고 있었는데 낯익은 남학생의 손을 잡은 아버님이 화가 잔뜩 나서 찾아왔다.

"안녕하세요."

"아니 이렇게 어린 교생 말고 한국어 선생 어딨어?"

"제가 한국어 선생님입니다. 진정하시고 앉아서 얘기하시죠."

"아니, 니가 뭔데 우리 아들 B를 준 거야? 얼른 A+로 고쳐 줘요."

학생 아버지는 막무가내였다.

"자, 아버님. 여기 출결란 보시면 이날 무단결석을 했었고요. 시험지 보시면 거의 빈칸이죠. 아이들이 너무 어려워해서 제가 페이지까지 알려 주고 힌트도 많이 주고 시험을 봤습니다. 그렇지? 생각나지?"

아이는 어두운 얼굴로 고개를 끄덕였다.

"아니 됐고. 니가 뭔데 내 아들 인생을 망쳐. 이렇게 다른 과목 다 좋은 점수인데 한국어만 B가 나오면 평균이 떨어진단 말이야. 얼른 고쳐 줘요."

"아니요. 다른 과목 선생님들은 고쳐 줬을지 몰라도 저는 고쳐 드릴 생각 전혀 없습니다. 그리고 아무 노력 없이 맨날 A+만 받는다면 앞으로 아들 인생이 더 나빠질 것 같은데요. 노력 없이 얻는 결과, 그게 아이를 더 망치는 길일 겁니다. 당연히 노력 후 시험을 잘 보고 결석까지 안 한다면 A+ 줘야죠. 그렇게 얻은 점수가 저는 더 값질 거 같습니다만."

젊어 보이는 한국 여자애가 몽골어로 따박따박 맞는 말만 해대니 더 이상 할 말이 없었는지 몽골 아버님은 교실을 나가셨다. 대학시절 학과 교수님은 말씀하셨다. 원래 몽골 사람이랑 말싸움을 해야 몽골말이 느는 거라고. 주고받는 대화 속에 그다음 내가 해야 할 말을 생각해 내서 뱉어야 하니 두뇌회전이 빠를 수밖에… 여러 번의 학부모 면담 시간을 통해 몽골어가 더 늘었다.

타 학교 주관 올림피아드

　3월이 되었고 나는 똑같이 참가할 아이들을 모집하고 주제에 맞게 원고를 쓰게 했고 노래대회 역시 합창을 열심히 준비했었다. 큰 올림피아드 행사를 마치고 나니 3~4일간 진행되는 이 올림피아드는 이제 재미있기까지 했다. 그만큼 경험과 여유가 생겼다는 것. 우리는 장소에 구애받지 않고 학교에 준비할 곳이 없으면 우리 집에 와서 말하기대회를 준비하곤 했었다. 주제에 대해 토론도 하고 글도 수정하고 재미있는 시간이었다. 오로지 아이들의 한국어에 대한 열정과 함께 준비시켜 주고 싶은 나의 마음이 끈으로 연결되어 있지 않으면 불가능한 시간들이었다. 그래서 결과를 중요시하지는 않았지만 수상했을 때의 그 뿌듯함과 우리가 뭔가 해냈다는 그 자부심은 이루 말할 수 없을 정도로 기쁘다.

나는 아이들의 긴장을 풀어 주려 연습 때처럼 정면 앞에 서 있었고 한 명
한 명 사진을 찍었다. 초등부, 중등부, 고등부 순서였다. 예선 때는 그 자
리에서 바로 평가점수를 합산하여 본선에 진출할 아이들의 이름을 발표해
준다. 그날 조금 희비가 갈리지만 그럴 틈도 없이 바로 본선을 준비해야
했다. 1년 만에 다시 찾은 울란바토르 종합학교였다. 이날 반주하느라 아
이들 응원하느라 정신이 없었지만 수상하는 아이들의 사진을 하나하나 다
찍었었다. 마지막 올림피아드라는 생각 때문에 그런가. 새삼스럽게 아쉽
고 섭섭하기까지 했다. 그렇게 단원 마지막 올림피아드 행사도 잘 마무리
되었다.

얘들아, 야외수업하자

이번 학기부터 수업 체제가 조금 바뀌었다. 아이들이 한 반에 너무 많은 관계로 세 그룹으로 나눠서 수업을 해 보면 어떨까 해서 7학년, 8학년, 12학년의 성적 상위인 학생들만 선별한 A반 수업을 하게 되었다. 한국에서 살다 온 아이들도 있어서 수업을 하는 게 정말 수월했고 재미있었다. 어느 날은 항상 교실에서만 수업했다는 아이들을 보면서 날도 따뜻해지는데 야외에서 수업을 해 보고 싶었다. 그래서 7학년 아이들에게 물었다.

"얘들아, 우리 학교 앞 공원에서 수업할까?"

"정말요? 너무 좋아요!"

아이들을 데리고 학교 바로 앞 공원으로 나갔다. 13명의 아이들이었지만 우르르 밖으로 나가는 게 이상해 보일 수 있었다. 지금까지 이런 경우가 없었기 때문에 더 그렇다. 다행히 친한 경비 아저씨가 교문을 지키는 날이었고 양해를 구하고 밖으로 나갈 수 있었다. 답답한 교실 안에만 있다가 짧은 40분이었지만 아이들은 좋아했다.

"자, 우리 어제 있었던 일 한 명씩 나와서 말해 볼까요?"

한국어로 어제 있었던 일을 반 아이들 앞에서 이야기하는 시간을 가졌다. 그리고 동그랗게 앉아 수건 놀이 게임도 알려 주었다. 처음 해 보는 게임에 학생들은 무척 신나 했었다. 몽골 학교도 점점 야외활동이 늘어났으면 좋겠다. 이렇게 좋아하는데. 아이들은 그 야외수업을 잊지 못했다.

5개 언어의 날

매년 하고 있는 23번 학교 교내 행사였다. 5개의 외국어를 가르치는 학교이기 때문에 월요일부터 금요일까지 하루씩 돌아가며 언어의 날 행사가 진행되었다. 한국어의 날은 목요일이었다. 나는 아침부터 한복을 입고 분주하게 돌아다녔고 학교에는 김밥 냄새가 진동했으며 수업 끝을 알리는 종소리로 한국 K-POP 노래를 틀었었다. 역시 다른 요일도 그 나라 음식과 문화를 체험하는 날로 학교가 떠들썩했다.

이날 아침 눈이 펑펑 오는데 굳이 개막식을 야외에서 했다. 펑펑 내리는 눈을 맞아서 입고 있던 한복은 이미 젖었고 계속 내리는 눈에 머리도 젖은

상태였다. 개막식은 30분 이상 계속되었는데 헛웃음만 나왔다. 하루 종일
정신없고 힘들었지만 또 하나의 추억을 남길 수 있었다.

퀴즈 온 코리아

　어느 날 문자 한 통이 와 있었다.

　"안녕하세요. ○○○ PD입니다. 퀴즈 온 코리아 시작 전에 23번 학교에
서 축하 공연 2개 정도 부탁드리겠습니다."

 '퀴즈 온 코리아'는 몽골의 '도전
골든벨' 같은 프로그램이라고 할 수
있겠다. 총 25명의 몽골 학생들이
한국어나 한국 문화 등 한국을 주제
로 한 문제에 답변을 쓰고 1등을 가
리는 프로그램이었다. 우리 학교 학
생들도 퀴즈 온 코리아에 참가하게

되었다. 우리는 축하 공연으로 댄스 팀 학생들이 K-POP 춤을 준비했고, 나도 합창팀과 함께 피아노를 들고 가서 합창을 했다. 엄연히 TV 프로 그램이라서 촬영을 하고 있는 현장

이었다. 나 몽골 텔레비전에 나오는 거야? 그리고 진행을 맡은 남자 MC와 는 아는 사이였는데 이렇게 또 만나게 되다니 반가워서 사진을 남겼다.

몽골에 이런 프로그램도 있구나 신기했고 한국에 관심이 많은 몽골 학 생들에게는 귀중한 경험이 될 수 있겠다고 생각했다. 나 역시 좋은 경험이 었다.

요리 수업과 롤링페이퍼

아이들과 요리 수업은 처음이었다. 우리는 먼저 메뉴를 정하고 재료를

분담해서 김치볶음밥을 해 먹었다. 7학년 아이들은 즐거워했다. 그리고 벌써 나의 단원 생활은 막바지에 접어들고 있었다. 그래서 롤링페이퍼를 통해 아이들의 마음을 읽고 싶었고 그때 쓴 롤링페이퍼를 한국에 고이 가져와서 아이들이 생각날 때마다 읽었다.

〈롤링페이퍼 전문〉

7학년 학생들

우리 선생님은 너무 예뻐요. 항상 웃고 항상 즐거운 사람입니다. 항상 웃었어요. - 설렁거

안녕하세요 선생님?^^ 한국어를 잘 가르쳐 주셔서 고맙습니다. 나는 선생님과 음식을 먹고 싶어요. - 너밍에르덴

선생님은 너무 즐거워요. - 오츠랄

선생님은 너무 착해요. 학생들과 자연스럽게 말을 해요^^ 선생님이 늘 웃고 다녀서 저는 좋아요. - 너밍

안녕하세요 선생님? 선생님을 화나게 하고 나쁘게 했으면 죄송해요. 그리고 선생님 한국 가시면 너무 생각이 날 거 같아요. 안녕히 계세요. - 찰리공

선생님 한국어를 가르쳐 주셔서 감사합니다. 또 선생님은 너무 즐거워요. 사랑해요. - 엥흐진

선생님 왜 가요? 가지 마요~ 선생님이 가면 우리 했던 약속 다 어떻게 할 거에요? 선생님 너무너무 보고 싶을 꺼에요~ 한국 가서 만나

요^^ 선생님 그리고 수업 끝나고 한국 번호 좀 알려 주세요. 부탁 드릴게요. - 선미

선생님이 수업을 들어가면 제가 코미디극에 들어와서 연기하는 배우가 된 느낌이 들어요. 그래서 한국어 수업할 때 말이 많아지나 봐요. 이번에 반장으로써 앞으로 임무 완수하겠습니다. 단결!! - 산치르

선생님 학생들과 자연스럽게 말하고 소통하는 게 너무 좋아요. 그리고 재미있어요. 그리고 선생님 예뻐요~ - 간체책

우리 선생님은 너무 예뻐요. 그리고 항상 웃고 귀여워요. 당신은 제일 좋은 선생님입니다. 사랑해요. - 뭉흐진

선생님! 이번에 한국으로 돌아가도 저희 잊지 마세요! 여기서 좋은 추억 많이 만들고 가셨으면 좋겠어요. 한국 가면 저희하고 연락해야 돼요! 선생님 정말로 좋으신 선생님이에요. 다시 몽골에 오시면 저희 꼭 만나셔야 돼요! - 예수겐

선생님은 나에게 한국어를 잘 가르쳐 주고 나는 많은 문법과 한국어를 훨씬 더 잘 하게 됐어요. - 에르뭉

선생님은 너무 예쁘고 잘 가르칩니다. - 서드빌렉

8학년 학생들

쌤 화 좀 내지 마시고, 앞으로 한 달만 올 꺼니까 재미있게 시간 보냅시다. - 툽싱

쌤 웃어요. 맨날 웃어요. 또 웃어요. 고마워요. - 후슬렝

재밌는 수업 가리켜 주셔서 고마워요. - 찬드망

선생님 그동안 수업 좋았어요. 한국 가서 친구들이랑도 만나고 재미있게 노세요. - 투굴두르

선생님 사랑해요. 한국어를 잘 가르쳐 주셔서 고마워요. 우리나라에 또 오면 같이 여행합니다. - 아리용사나

고마워요. - 칭궁

진짜 정말 거짓말 안 섞고 인생에 기억이 잘 날 선생님. 그동안 고마웠고 사랑한다! 처음에는 몰랐는데 꽤 예쁜 얼굴 상이라는 거! - 타난

저한테 너무 감사한 분입니다. 저를 위해 한 모든 것에 정말 감사합니다. 선생님 - 아노징

전에는 먼저 좀 화나는 선생님 같았지만 그렇지 않고 게다가 가장 좋은 어떤 것을 진심으로 하는 좋은 선생님이였습니다. 자주 보람과 힘을 주는 수업을 가장 잘 가르쳐주는 선생님이였다. 전에 나왔던 나쁜 생각들에서 지금 정말 창피합니다. 죄송합니다. 사랑해요, 선생님 - 베갈

안녕하세요 선생님? 선생님 저에게 한국어를 더 좋아하고 더 잘 배울 수 있게 해줘서 고맙고 또 고맙습니다. 선생님 화내지 말고 웃고 시간을 즐겁게 보내요. 쌤이 웃으면 더 예뻐요. 사랑합니다. 시간을 즐겁게 보냅시다. - 무릉거

선생님이랑 같이 있을 때 외롭지도 심심하지도 않아요. 근데 선생님이랑 같이 하고 싶은 일이 너무 많아요. 등산도 가고 놀이공원에서

놀고 다 같이 자전거도 타고 밥도 해먹고 싶어요. 한국 가서도 통화 자주 하세요. 밥 잘 먹고 아프진 말고 다시 몽골에 꼭 오세요. 제가 마중 갈게요. 앞으로 남은 시간 더 즐겁고 재밌게 보내고 싶어요. - 헝거르졸

최선미 선생님~ 안녕하세요! 선생님이 너무 예뻐요. 여신 같아요. 선생님이랑 같이 있을 때 너무 행복하고 너무 좋아요! 선생님이랑 오래오래 같이 있고 싶다. 선생님이 한국으로 가지 마요! 우리랑 같이 있어 주세요! 또 선생님의 눈이 너무 예뻐요. 머리카락도 너무 좋아요. 겉모습은 엄청 차갑게 보이지만 속마음은 너무 너무 너무 착해요. 우리 반 애들은 선생님을 너무너무 사랑해요. - 나몽자야

우리 선생님은 아주 예쁘고, 즐겁고, 성격이 너무 좋고 가장 최고 선생님이야. 우리 반에 즐거운 수업을 가르치고, 사랑해요 선생님. 힘내요! 몽골에 다시 와서 한국어를 다시 가르쳐 주세요 선생님! - 앙하

  물론 오타도 있었고 문장이 완벽하게 구사되지 않았어도 아이들이 직접 적은 내용을 그대로 담고 싶었다. 8학년 반은 7학년 반에 비해 남학생들이 많아서 내가 자주 화를 냈었나 보다.

  12학년 학생들
  선생님 한국 가서 한국어반 애들끼리 만나요. - 발진냠
  안녕하세요 선생님 - 수흐바트

안녕하세요. 한국 가서 한국어반 애들끼리 만나요. 감사합니다. - 앙흐바이르

선생님 사랑합니다. 세상에서 가장 아름다운 마음을 가진 선생님을 너무 너무 사랑합니다. 우리 선생님의 가르쳐주신 것들은 다 소중합니다. - 나랑과

안녕하세요 선생님. 이제 우리에게 주어진 시간이 얼마 안 남았어요. 남은 시간 최선을 다해서 꼭 한국으로 갈 거예요. 잘 부탁드립니다. 그리고 한국 가서 꼭 만나요. 만나면 맛있는 것 진짜 많이 사주세요. 그동안 감사 했어요. - 아리온졸

안녕하세요 선생님. 우리 선생님은 진짜 착한 사람이에요. 한국으로 가는 학생들 위해 많은 것을 했어요. 한국으로 가서 가능성이 있으면 선생님 매일 매일 만나고 싶어요. 너무 너무 사랑해요 선생님. - 알탕치멕

안녕하세요 선생님. 학교를 잘 졸업해서 꼭 한국으로 갈 거예요. 그리고 우리가 한국에 만나서 즐거운 시간을 보내자. 사랑하고 감사합니다. -마랄마

안녕하세요! 선생님. 제가 디자이너가 돼서 옷을 줄게요. 그러니까 좀 기다려 주세요. 사랑해요! - 홀랑

안녕하세요 선생님. 우리 선생님은 공부 잘 가르치고 관계도 좋은 예쁜 선생님이야. 앞으로 더 많은 사람들에게, 학생들에게 한국어 또 한국 나라의 문화를 가르치세요 파이팅 - 알탕졸

선생님 우리를 위해서 일 많이 해서 고생 많이 했어요. 친구처럼 얘기

도 하고 선생님으로서 상담을 많이 주셔서 정말 감사합니다. 한국
에서 좋은 직업을 갖고 꿈을 이루고 웃으면서 만날 거예요. - 이
치커

안녕하세요 선생님! 선생님은 정말 성실하시고 착한 분이세요. 비록
화를 내시긴 하시지만 다 저희를 위한 것이라고 생각해요. 선생님께
배울 점도 많고 존경할 점도 많아서 많은 것을 배웠어요. 몽골에서
좋은 추억을 보내셨길 바라고 다음에 또 몽골로 오세요! 한국으
로 가서 봬요 선생님! 사랑해요. - 아노다르

안녕하세요 선생님. 한국에 가서 잘 쉬고 잘 사세요. 다음에도 몽골
에 와서 많은 아이들에게 많은 것을 가르쳐 주세요. 저도 한국에
가면 우리 만나자 그동안 자주 도와주셔서 감사합니다. 사랑해요.
- 랭칭먀닥

안녕하세요! 그동안 많은 것을 가르쳐 주셔서 감사합니다. 다음에
또 몽골에 꼭 와서 우리 학교 아이들에게 많은 것을 가르쳐 주세
요. 그동안 감사합니다. 사랑해요. - 에르덴치멕

이 학생들이 해 주는 말 때문이라기보다 그래도 2년 동안 헛살진 않았나
보다 싶었다.

행사의 달인

하도 많은 행사를 치러 와서 그런지 행사에 참석했었던 기억은 있는데 어떤 행사였는지는 기억이 나지 않는 지경에 이르렀다. 이날도 초등부 아이들 합창을 불러 달라는 요청으로 한복을 입혀 갔었다. 전날 사전답사를 가서 동선도 체크하고 연습도 했는데 가장 중요한 피아노가 없다는 거였다. 그래서 활동 지원 물품으로 구매한 피아노 본체와 거기에 있는 책상을 합체시켰다. 반주를 해야 하는 곳은 무대 아래, 관중 바로 앞. 이렇게 또 피아노를 쳐보기는 처음이었다.

여러 부족들이 살고 있는 홉드

나는 6월초에 홉드와 옵스 여행을 계획했다. 동기 언니 중 넷째언니가 홉드에 있었는데 코이카 2년 내에 꼭 한 번 언니 있는 곳으로 가기로 했다. 마침 수도 단원 선생님도 동기가 홉드에서 활동하고 있어서 우리는 울란 바토르에서 함께 출발했고 또 옵스로 여행도 다녀오기로 했다. 수도 단원 선생님과 왕복 비행기 티켓을 예매하고 나니 그제야 실감이 났다.

홉드로 가는 비행기는 역시나 경비
기였다. 나는 세상에서 제일 무서
운 3시간 반을 경험하게 됐다. '경비
행기가 무서우면 얼마나 무섭겠어.
옛날에도 탔었잖아'라고 생각했지만
나는 3시간 반 동안 비행기 안에서 눈을 뜨지 못했다. 사방이 흔들렸고 비행기는 마치 갓 태어난 아기새가 이제 막 처음 비행을 시작하려는 것 같았다. 동기 언니는 도대체 이 비행기를 타고 어떻게 울란바토르에 왔다 갔다 했는지 경이로울 뿐이었다.

비행기는 무사히 도착했고 나는 그제야 두 눈을 뜰 수 있었다. 땅을 밟고서도 내 사지는 후들거렸다. 동기 언니가 마중을 나왔고 첫째 날은 짐을 두고 홉드 시내를 구경하기 시작했다.

홉드의 첫인상은 굉장히 아늑하고 조용했다. 그리고 홉드 시내에는 3개의 큰 동상이 있었는데 몽골 전통 신발, 수박 동상, 몽골 전통 악기인 마두금이 있었다. 처음에 저 마두금을 보고서 굉장히 신기했다. 말 모양을 한 악기라니. 무슨 사연이라도 있는 걸까 궁금해했는데 역시나 전해져 내려오는 마두금에 대한 전설이 있었다. 몽골 사람들은 이 악기를 후후 남지르가 만들었다고 믿고 있다. 후후는 몽골어로 뻐꾸기를 일컫는 말인데 그만큼 노래를 잘했던 사람이라는 얘기이니 우리 식으로 표현하자면 꾀꼬리 같았다고 하겠다.

이 꾀꼬리 같은 남자의 사랑 이야기에서 마두금의 전설이 시작된다. 가난한 후후 남지르는 아름다운 여인을 사랑하고 있었는데 그를 부리는 부잣집 주인이 후후 남지르를 먼 타향으로 떠나보낸다. 남자는 애인이 보고 싶어 하늘을 나는 말을 타고 와 저녁마다 연인을 만나고 아침이면 떠나갔다. 하지만 행복도 잠시, 이 사실을 알아차린 부자가 심술을 부려 하늘을 나

는 말을 죽여 버렸다. 후후 남지르는 이제 연인을 만날 수 없게 된 것이다. 그는 죽은 말을 아쉬워하고 애인을 그리워하는 마음으로 악기를 만들었다고 한다. 죽은 말의 머리 모양을 따 악기의 머리를 만들고, 말의 목털과 꼬리털을 엮어 현을 만들었다. 그렇게 해서 탄생된 것이 바로 마두금이라는 악기이다. 이런 슬픔을 담고 있어서인지, 유목민들은 마두금 연주를 들으면 말을 타고 하

늘을 나는 기분을 느낀다고 한다. 나 역시 마두금 소리를 듣고 있노라면 말의 울음소리와 어쩜 이리 비슷할까, 라는 생각을 많이 하게 된다. 홉드에서 이렇게 큰 마두금 동상을 보니 신기하고 반가웠다.

다음 날은 홉드에 있는 코이카 단원들과 함께 차를 빌려 홉드 외곽으로 나가 보았다. 미리 연락해 놓은 기사 아저씨가 푸르공 차와 함께 약속 장소에 와 있었다. 조금 달리니까 강이 나왔고, 조금 더 갔더니 미니 사막이 나왔다. 우리는 내려서 바람도 쐬고 사진도 찍었다. 이렇게 아무 생각하지 않아도 되는 여행과 쉼이 얼마만인지 모르겠다. 강가에 차를 대고 맛있는 점심을 먹었다. 홉드에 오길 잘했다는 생각이 들었다.

푸른 하늘을 품은 옵스

홉드와 옵스는 몽골의 북서쪽에 위치해 있는데 울란바토르에서 거리가 멀다 보니 몽골 사람들 중에서도 안 가 본 사람들이 꽤 있었다. 정말 큰맘 먹고 와야 할 거리였다. 단원 선생님 두 명과 함께 홉드 버스정류장에 가서 짐을 실었다. 버스는 대형버스는 아니었는데
데 거의 사람 반, 짐 반이었다. 거의 정자세로
7시간을 달렸는데 길은 없었고 아스팔트가
깔린 도로는 바라지도 않았다. 몽골 사람들
은 산을 보고 길을 찾아간다고 하는데 정말
3G도 안 터지고 이 길에서 내가 없어진다 해
도 아무도 모를 것 같았다. 다행히 나는 멀미
를 안 했는데 내 앞에 탔던 몽골 사람이 창문
을 열고 토를 해댔다.

저녁에 도착한 옵스는 깜깜했다. 다른 지
역에 왔더니 공기마저 바뀐 느낌이 들었다.
우리는 알아두었던 숙소를 바로 찾을 수 있었고 차안에서 고된 시간으로
바로 잠들었다.

우리의 이번 여행 코스는 옵스에 있는 3대 호수를 중심으로 돌아보는 것
이었다. 아침에 일어나 준비를 하고 소개받은 옵스 기사님과 만났다. 하얀
색 차에 기사님은 여자였고 어딘지 모르게 더 편했다. 그래도 말이 좀 통
하는 내가 조수석에 앉았고 우리는 바로 첫 번째 호수로 달리기 시작했다.
옵스 노르(호수)… 몽골 말로는 호수나 강이라고 하지만 거의 바다와 다름
없는 크기였다. 물은 맑았고 얕았고 끝이 보이지 않았다. 바다가 거의 없
는 내륙 지방인 몽골에 이런 큰 호수가 있다는 건 특별한 일이었다.

근처 식당에서 점심을 먹고 옵스 사람인 기사 아주머니에게 행방을 맡
겼다. 몽골 시골에 가면 동물들을 볼 수 있다. 그것도 가까이! 조금 무서울

때도 있지만 내가 사랑하는 몽골의 시골 모습이다. 달리고 달려 아주머니의 지인 게르를 방문하게 되었다. 그 주위 자연경관도 꽤나 특이해서 사진을 많이 찍었다. 그리고 오는 길에는 아직 녹지 않은 얼음이 있었다. 6월에 얼음이라니… 신기해서 얼음 위에서 춤도 추고 정신없이 놀다가 핸드폰 충전기를 잃어버렸다. 하얀색이었기 때문에 빠진지도 모르고 그곳을 떠나왔다.

저녁에는 기사 아주머니 친구와 옵스의
전망대를 갈 거라고 해서 따라 올라 갔더
니 옵스 시내 전경이 한눈에 보였다. 아
름다웠다. 내가 또 옵스에 올 수 있을까.
이 시간을 만끽해야지. 우리는 옵스 전망
대에서 한참을 시간을 보내고 저녁이 되
어서야 내려왔다. 그렇게 옵스에서의 두
번째 밤이 지나고 있었다.

오늘은 나머지 두 개의 호수와 만나는
날이었다. 몽골 여행이 원래 그렇다. 몇
시간씩 차를 타고 달려 도착하면 기다리
는 것은 대자연 딱 하나. 웅장하고 광대
한 자연을 좋아하는 사람이라면 강력 추
천. 지나가는 길에 투르겡 솜(군)이 있었
지만 사진만 찍고 들어가진 않았다. 기사
아주머니께서 잠깐 지인을 만나서 전해
줄게 있다고 해서서 나는 기다리는 동안

차 없는 길에서 사진을 찍었다. 한 번은 찍어 본다는 도로 위 사진. 그리고
또 다시 길을 달리다 보니 신기한 자연경관들이 나왔는데 뭔가 그랜드캐
니언을 연상케 했다.

그렇게 도착한 두 번째 호수는 우렉노르. 첫 번째 호수와는 또 다른 느
낌이었다. 주변에는 돌과 자갈들이 가득했고 잡초들도 무성했다.

심지어 늪지대도 형성되어 있었다. 거기서 점심을 해결하고 기사 아주머니의 집으로 향했다. 집은 게르였고 가축을 기르고 계셨다. 기사 아주머니의 어머니도 계셨는데 델(몽골 전통 옷)을 입으신 할머니가 마치 우리 할머니 같이 친근하게 느껴졌다. 가족들과 인사를 하고 오늘은 양을 10마리 잡아야 해서 가축들을 몰아 달라고 하셨다. 한 곳으로 뛰어서 가축들을 몰면 정신없는 통에 양의 다리를 잡아 묶어서 차에 실었다. 양 모는 것을 처음 해 본 나는 그냥 계속 웃음이 터져 나왔다. 기사 아주머니 가족들과도 빨리 친해질 수 있었다.

아쉬움을 뒤로하고 세 번째 호수 햐르가스 호수로 달렸다. 세 번째 본 호수의 색은 아주 진한 파란색이었다. 날씨는 좀 흐렸고 비도 좀 내렸다. 저녁을 먹으러 들어갔는데 호수에서 잡힌 물고기라고 했다. 정말 컸다. 아쉽게도 옵스에서의 마지막 밤이 지나고 있었다. 운전하느라 수고해 주신 기사 아주머니와도 찰칵! 처음 와 본 옵스는 정말 아름다웠다.

기나긴 기차를 타고 도착한 생샨드

몽골에서 기차를 처음 타 보았다. 탈일도 없었을뿐더러 시간도 없었기 때문. 우리는 네 명의 멤버를 꾸렸고 4명이 한 칸을 쓸 수 있는 표를 샀다. 문도 닫을 수 있고 2층 침대도 두 개씩 있었다. 나는 생샨드로 갈 때는 아래칸, 울란바토르로 올 때는 2층을 쓰게 되었다. 기차 안 화장실을 갔는데 아래가 뚫려 있어서 오랜만에 움직이는 기찻길을 볼 수 있어 참 이색적이었다. 중간중간 여러 역들을 지났고 우리는 아침 일찍 기차를 타서 해질 무렵 도착했다. 생샨드의 첫 느낌 역시 조용했다. 우리는 택시를 타고 시내 쪽으로 향해 하룻밤 묵을 곳을 찾아 짐을 풀고 저녁을 먹었다. 호텔은 깔끔했고 좋았다.

다음 날 우리는 생샨드에 있는 박물관을 구경했다. 더른고비에 대한 역사와 유물에 관한 박물관이었다. 연이어 사원도 가고 자연경관도 밖에서 오래 보고

싶었는데 비가 엄청 쏟아져서 그러지
못했다. 그리고 생샨드에서 활동하고
있는 코이카 단원과 함께 저녁을 먹고
집도 방문해서 같이 시간을 보내다가
기차 시간에 맞추어 밤기차를 탔다. 그

리고 아침 8시에 울란바토르에 도착할 수 있었다.

독수리 대피 사건

 귀국 날이 다가오고 있었고 몽골 가
족들과 함께 나들이를 떠났다. 차를 타
고 가다가 드넓고 평평한 초원에 자리
를 잡고 고기를 구워 먹고 수박을 잘라
먹었다. 한참 고기를 구워 먹고 있었는
데 냄새를 맡고 왔는지 우리 머리 위에
는 독수리 한 마리가 주위를 맴돌고 있
었다. 몽골 가족들은 아이들을 하나둘
씩 차에 태우기 시작했다.

 "왜 그래요, 갑자기?"

 "독수리가 아이들을 물어갈 수도 있

거든."

　정말 처음 들어보는 이야기였고 한 번도 상상해 보지 못한 일이 일어날 것만 같은 위기상황이었다. 독수리의 크기도 크기지만 엄청난 포크 같은 양발톱을 아는가. 아이들은 특히나 가벼워서 무자비하게 낚아채 하늘로 올라간다는 것이었다. 아이들을 모두 차에 태운 뒤 잘 구워진 삼겹살을 던져 주니 받아먹는 독수리. 순간 독수리랑 눈이 마주쳤는데 너무 무서웠고 아찔했다.

기관과의 마지막 인사

여름방학이었지만 기관 매니저들은 학교로 나를 불렀다. 마지막으로 줄 선물이 있다면서. 특히 중등부, 고등부 교감은 평소 나에 대한 기대가 컸었고 몽골어를 구사할 수 있는 것에 대해 극찬을 했었다. 2년 동안 수고 많았고 우리 학교에 또 오라며 작은 선물을 하사했다. 연장하라는 이야기도 심심치 않게 들었지만 2년이 딱 적당한 것 같다. 굿바이 23번 학교!

말의 땀

몽골의 가장 큰 축제인 나담 축제는 7월 11일부터 13일까지 3일간 이루어지는 축제이다. 활쏘기, 말 경기, 씨름 경기가 주를 이룬다. 한국으로 가기 전 단원 선생님들과 차를 빌려 말 경기가 한창인 곳으로 직접 가서 구경하기로 했다. 도착한 곳은 경주마들이 출발하는 곳이 아니라 도착하는 곳이었다. 들어오는 말들을 보려고 기다리다가 사람들이 많은 통에 밀려서 우리도 조금 위험할 뻔했다. 수백 킬로미터를 달린 말들이 정신없이 뛰어오는데 말이 흘리고 있는 그 땀을 만지려고 몽골 사람들은 우왕좌왕 뛰어

다녔다. 그 땀을 만지면 운수대통이라나. 결승선까지 뛰어와 통과한 말의
기운을 땀을 통해 받으려는 것 같았다. 나에게 돌진하는 말을 피하기 위해
나는 사력을 다해 옆으로 비켰다. 한국 땅을 밟기도 전에 말발굽에 밟힐 뻔
했다. 역시 떨어지는 낙엽도 조심해야 한다. 다음 날 아침, 우리 가족을 작
년 여름에 자기 여름집으로 초대해 준 냠카 언니에게서 전화가 왔다.

"뭐하고 있어?"

"그냥 있죠 뭐."

"우리 가족들 나담 경기 보러 갈 건데 집에 혼자 있지 말고 준비해서 나와."

우리는 차를 타고 나담 경기장으로 향했다. 이곳이야말로 제대로 된 나
담 경기를 생중계 해 주는 메인 경기장이었다. 나담도 구경하고 밥도 해결
하니 일석이조였다. 경기장 주변으로는 먹을 것들이 즐비했는데 호쇼르
냄새가 코를 찔렀다. 나담 호쇼르라 그런지 더 맛있었다.

가자, 고향으로

출국 날은 어김없이 다가왔고 집주인에게 오후 3시에 열쇠를 주고 나가기로 했다. 그런데 1시 반쯤 몽골 친구들이 송별회를 안 했다며 들이닥쳤다. 역시 끝도 몽골다웠다. 그래도 잠깐이라도 와 준 게 너무 고마웠다. 그날 한국행 비행기를 탄다는 게 당사자인 나도 실감이 안 나서 큰일이었다. 비가 추적추적 내리는 날이었다.

또 이날은 하필 전 대한민국 대통령이 몽골에 오는 날이어서 공항이 폐쇄되고 공항 근처에 있는 체육관 건물 앞을 임시로 공항 삼아 한국행 표가 있는 사람만 관광버스에 태워 공항으로 갔었다. 어리둥절한 체험이었다. 소수의 지인들이 나를 배웅해 주었다. 비행기 바퀴가 뜨고 있을 때 나는 생각했다. '내가 여기 2년 살다가 가는 게 맞나?'

남원프렌즈

　나는 평생 운전을 할 생각이 없었다. 그런데 귀국하기 며칠 전 사무소 직원들과 우리 기수 단원들 귀국 오찬이 있었다. 식사가 끝나고 사무소 관리요원(그 당시 명칭이었고 지금은 코디네이터로 바뀌었다)이 우리를 차로 태워다 주었다. 차에 같이 탄 동기언니들은 귀국 얘기가 한창이었는데 나는 이상하게 운전하는 직원밖에 보이지 않았다. 나는 그 순간 결심했다. 운전면허를 따기로.

　당시 부모님 댁은 장수였고 나는 귀국 후 한 달간 그곳에서 지냈다. 그런데 장수에는 운전면허학원이 없었고 그나마 가까운 곳이 남원이었다. 운전면허학원에 전화를 하고 1시간 넘게 도착해서 접수를 하였다. 내가 운전을 하게 되다니 신기했다. 운전면허학원은 퀴퀴한 냄새와 1980년대를 연상케 하는 대형 에어컨과 소파들이 있었다. 나는 1종을 딸지 2종을 딸지 고민이었다.

　"아빠, 나 뭐 따지?"

　"요즘은 2종 많이 따니까 2종 따."

　신문을 보고 있던 남자분이 갑자기 우리 대화에 끼어들었다.

　"아니, 딸이 똑똑하게 생겼구만. 왜 2종 따라고 해요~ 내가 책임지고 잘 가르쳐 줄 테니까 1종 해요~"

　부모님은 나를 내려주고 장수로 갔고 필기시험 준비를 위해 강의를 7시간 들어야 했다. 강사는 할아버지 선생님이셨고 수업 장소도 역시나 을씨년스러웠다. 수강생은 젊은 남자애랑 나, 둘뿐이었다. 좀 많이 힘든 7시간

나　그리고　몽골　　　　　　　　　　　　　　　　　　　　　20
　　　　　　　　　　　　　　　　　　　　　　　　　　　　　　　16

이었다. 이틀 뒤 전주로 가서 시험을 봤다. 나는 다행히 필기시험에 한 번에 붙었고 장내시험 역시 한 번에 합격했다. 도로주행을 처음 나가는 날에는 남자 강사분과 이런저런 이야기를 나누게 되었다.

"어우, 역시 자네는 몽골의 후예답게 몽골에서 와서 그런지 운전이 시원시원하네. 내가 사실 웬만하면 1종 따는 거 피곤해하는데 잘하네 자네는."

나에 대해 물어 보시기에 코이카 활동 이야기, 몽골 이야기를 들려 드렸더니 다음 날 강사님이 말했다.

"나도 가고 싶었었는데… 자네 말 듣고 어제 와이프랑 진지하게 상의해 봤네."

"가게 되시면 정말 응원할게요!"

도로주행 시험까지 마치고 빠른 시일 내에 운전면허를 딸 수 있었다. 서울에 사는 지인들은 나를 부러워했다.

취업을 위한 길

귀국하고 나는 백조였다. 주구장창 사람들을 만났다. 다들 일을 하고 있으니 퇴근 후 만날 수밖에 없는 것. 사람들이 나에게서 듣고 싶어 하는 이야기는 몽골 이야기. 나도 매일 사람들 만나서 떠들어 대는 건 몽골 이야기가 주를 이루었다. 실컷 몽골 이야기를 하고 집으로 오는 길에 지금 나는 한국에 있다는 생각 하나만으로 무척 공허했었다. 몽골에 있을 때는 아근하고 집에 가는 길에 "그래도 몽골이네." 하며 웃음 지어지던 퇴근길이었는데 말이다.

나는 한동안 힘들어했다. 몸과 마음이 분리된 느낌이었고 한국에 적응하지 못했다. 그리고 떨어져 있는 부모님이 원망스럽고 항상 바쁜 오빠가 미웠다. 그래서 나는 바빠져야 했고 우연히 친구랑 연락을 하다가 취업성공패키지를 알게 되었다. 내일배움카드를 발급해 주고 훈련기관에 가서 원하는 수업을 듣는 거였다. 요즘 OA능력은 기본적으로 필요하므로 컴퓨터 자격증을 따기 시작했다. 집에서 가장 가까운 훈련기관을 선택했고 마을버스로 출퇴근을 하였다. 내가 들었던 수업들은 엑셀과 파워포인트 활용, 컴퓨터 활용능력 2급 대비반, OA 사무행정 입문, GTQ 포토샵 그래픽 등등. 귀국하고 1년도 안 된 사이에 5개의 자격증이 생겼다.

2 0
1 7

수술

내 생일이 또 돌아왔다. 엄마가 오랜만에 미역국 끓여 주고 싶다고 서울로 올라왔었다. 아빠가 보내 준 케이크로 생일파티를 했고 케이크가 조금 느끼해서 나는 떡국과 김치를 먹었다. 그런데 소화가 잘 안 됐는지 위가 아파서 눕질 못하고 있었다. 아픈 와중에 몽골 친구와 연락을 하고 있었는데 친구가 음성파일을 보내줬다. 뭐지 하고 들어봤는데 어떤 몽골 사람이 이야기를 하고 있었다. 자세히 들어보니 내 얘기였고 나였다. 이렇게 깨끗한 발음으로 얘기했었구나 새삼 조금 놀랬다. 출국 날 친구들이 송별회를 해 줬을 때 이것저것 나눈 이야기들이 고스란히 담겨 있었다. 그 친구는 그 순간을 녹음해서 보내 줬고 고마웠다. 그 녹음파일을 듣느라 아주 잠깐 아픈 걸 잊다가도 속이 나아지질 않아 밤새 토하고 설사가 계속 되었다.

아침이 되어서야 제일 빨리 문을 여는 내과로 갈 수 있었다. 눕혀서 배를 눌러 보더니 맹장인 것 같으니까 큰 병원을 가 보라고 진단서도 써 주시고 위치도 알려 주셨다. 갔는데 기초검사부터 해야 한다며 소변검사부터 해서 피도 뽑고 초음파 검사도 하고 진이 다 빠졌었다. 점심시간이 되어서야 의사선생님과 면담할 수 있었다. 오빠는 출근을 하고 엄마와 나는 의사선생님과 마주 앉았다.

"맹장이네요. 오늘 저녁에 바로 수술하죠."

우리 가족 중 수술해 본 사람이 없어서 우리에겐 다른 세계 이야기였다.

"네? 수술이요? 약물로 치료할 수 있는 방법은 없어요?"

의사는 어이없다는 듯 웃으며 말했다.

"아니 제일 간단한 수술인데 미루신다고요? 맹장 터지고 나서 오시면 돈도 더 들고 수술도 더 커져요….."

의사선생님은 우리가 어이가 없고 우리는 의사선생님이 어이가 없었다. 의사선생님은 그럼 다시 초음파검사를 해 보자고 했고 주사로 약물을 투여한 다음 나는 입원실로 옮겨졌다. 그 사이 사촌오빠 내외가 병원에 와 주었다. 엄마를 데리고 점심 먹고 오겠다며 나갔고 나는 별의별 생각이 다 들었다. 수술이라니… 말도 안 돼. 오후 5시가 되었고 다시 초음파를 했다.

"선생님, 맹장 아니죠? 수술 안 해도 되는 거죠?"

"아니길 바랬는데, 맞네요. 수술하셔야겠어요….."

너무 무서웠다. 그 길로 수술동의서에 이름을 쓰고 사인을 해야 했다. 이게 무슨 드라마에서 보던 장면인가. 동의서에는 무시무시한 말들이 쓰여 있었다. 그리고 전신마취도 해야 한다는 사실이 나에겐 더없이 크나큰 공포였다.

정신이 나가 있는 나에게 사촌오빠는 말했다.

"선미야, 뭐해. 얼른 사인해."

새언니도 말했다.

"아가씨, 나는 마취를 9번이나 했는데. 그냥 자고 일어난다고 생각해요."

사인을 한 뒤 수술실로 옮겨졌는데 양말도 벗고 환자복만 입은 채로 들어갔다. TV에서만 보던 병원 천장이 내 눈앞을 스쳐 지나가고 있었다. 엄마와 사촌오빠 내외는 밖에서 기다렸고 수술실 문은 닫혔다. 시계를 보니 8시가 좀 안 되었고 수술실 안은 8도. 으슬으슬 추웠다. 나는 긴장돼서 심장이 터져 버릴 것 같은데 수술을 도와주실 분들은 전혀 다른 세상 이야기를 하고 있었다.

"저녁 이거 끝나고 먹을 거지."

"응. 근데 어제 그 드라마 봤어?"

마취할 때 숫자를 거꾸로 센다는데 나는 그런 거 없이 누가 내 가슴팍을 치는 거였다.

"저기요. 일어나 보세요. 이름이 뭐예요?"

나는 목소리가 잘 나오지 않았다.

"최선미요…."

"아 됐네. 수술 끝났어요."

떠지지 않는 눈으로 시계를 봤는데 9시를 가리키고 있었다. 복강경 수술이라고 해서 배꼽으로 넣어서 빼내는 시술 정도였다. 배꼽에는 반창고만 붙어 있었다. 아무런 수술 자국이 남지 않았고 급성 맹장도 아닐뿐더러 터지지 않아서 오히려 다행이라고 했었다. 숨을 쉴 수 있게 목에 호스를 넣어서 목이 이렇게 아픈 거였다. 나는 무사히 눈을 뜨고 엄마를 볼 수 있었고 5일 만에 퇴원을 했다. 나는 퇴원한 날 집에 가서 5시간을 파워포인트 연습을 한 뒤 다음 날 배를 부여잡고 실기시험장에 가서 ITQ 파워포인트 시험을 봤다. 정말 인간승리였다.

도깨비

그 뒤로 장수에 가서 요양하다가 엄마를 데리고 서울에 와서 요양하다가를 반복했다. 때 아닌 아버지와의 엄마 쟁탈전이 벌어졌었다. 나는 이게 우울증인가 싶을 정도로 매일 울었고 하염없이 슬펐다. 그리고 언젠가부터 명치에 칼이 꽂힌 것처럼 답답하고 아팠다. 정말 뭔지 모르겠다. 가슴이 미어지게 아픈 느낌이라고, 가슴에 칼이 꽂힌 것 같다는 표현밖에 나오질 않았다.

"나 가슴에 칼이 꽂혀 있는 것처럼 아파, 왜 그러지? 밥도 잘 먹고 하는데 숨도 잘 안 쉬어지고. 수술한 부위는 전혀 다른 곳인데…"

"너가 도깨비냐? 가슴에 칼 꽂혀 있게."

하필 그 당시 인기리에 방송중인 드라마 내용 중 하나였다.

나는 위내시경을 받아보기로 했다. 혼자 가기 무서워서 쉬고 있는 언니에게 전화해 같이 갔었다. 마취는 하기 싫어서 비수면을 선택했는데 너무 힘을 주고 있었는지 첫 시도는 실패했다. 엄마와 통화를 했는데 엄마도 했다고, 5분이면 끝난다고 해서 다시 용기를 내었다. 가슴 답답한 원인은 찾아야 할 것 아닌가. 그렇게 십이지장까지 내시경을 하고 결과를 들었는데 너무나 멀쩡한 것이었다. 의사선생님은 위 사진을 보여 주시며 복숭아 같다고까지 표현하셨다.

모르는 게 약?

가슴 답답한 증상은 3월까지 계속 되었고 심적으로 너무 힘들었다. 많이 외로웠던 것 같다. 부모님은 떨어져 있고 일은 하고 있지 않고 지인들도 다 바쁘고 더군다나 나는 몽골에서 항상 바빴다가 한국에 왔더니 갑자기 팽팽했던 고무줄을 놓아 버린 느낌이었다. 혹시 명치 쪽에 뭐가 있는 건가 해서 CT 촬영을 하러 맹장수술을 했던 병원을 다시 찾았다. 역시나 동의서에 사인을 하는데 사망이라는 단어가 보였지만 원인을 모르고 답답한 것보다는 낫다 싶었다. 사촌오빠 부인인 새언니와 같이 갔는데 병원에 같이 갈 가족이 없다는 것도 슬펐다. 약물에 대한 부작용은 없는지 검사하기 위해 몸에 투여했었는데 괜찮았다.

나는 TV에서 보는 것처럼 그냥 원통 안에 들어갔다가 나오는 건 줄 알았는데 내가 찍게 된 CT검사는 자동주사로 혈관으로 약물을 투여해서 사진을 찍는 것이었다. 그런데 내 혈관은 가늘고 잘 보이지 않는다. 그래서 자동주사액을 투여하는 도중 내 혈관이 버티지 못하고 주사바늘이 튕겨져 나가 버린 것이다. 밖에 있던 의사선생님들도 당황한 나머지 기계작동을 멈추고 다시 시도했다. 꼬집는 것처럼 아팠지만 참았고 머리부터 발끝까지 이렇게 뜨거워진 적은 처음이었다. 마치 바지에 오줌을 싼 느낌이었다. 그런데 결과는 또다시 정상이었다.

나는 매일 생각했었다. 누가 내 몸에 1초라도 들어왔다가 나가서 내 대신 설명해 주면 참 좋겠다고. 꺼내 보여 줄 수도 없는 거고 상처가 있는 것도 아니었고 눈으로 보이는 것도 아니니까 더 답답했다.

저녁에 코이카 간호 단원이었던 언니와 통화를 해서 오늘 있었던 일을 말했더니 CT를 찍다가 죽은 사람도 있고 그 주사액이 피부에 닿으면 바로 괴사한다는 거였다. 그래서 허벅지 피부를 손에 이식해서 찍는 사람도 봤다며 무서운 이야기를 해 댔다.

"너 진짜 바늘이 위로 튕겨져 나가서 다행이지. 너 피부에 닿았으면 나도 어떻게 될지 말 못하겠다."

모르는 게 약이라고. 진짜 모르면 무식한 게 맞는 걸까. 참 무식하고도 용감했던 날이었다.

역류성 식도염

엄마가 필요했던 나는 내 발로 장수로 다시 내려갔다. 엄마랑 지내면 그나마 좀 괜찮아지는 느낌이 들어서. 그런데 정신을 차리고 보면 나도 모르게 울고 있고 아니면 친구랑 통화를 하면서도 한바탕 울고 그랬었다. 가슴에 칼 꽂힌 느낌은 여전했고 결국 아빠는 나를 데리고 광주로 갔다. 거기 유명한 내과가 있었는데 광주에 계시는 고모가 예약을 해 주셨다. 8시에 예약을 했는데 거의 12시에 들어갔다. 나 때문에 친가 가족들이 거의 다 모여서 귀국 후 좋은 모습을 보여 드려야 했지만 나는 또 울고 있었고 모두 나의 이런 모습에 놀라 하셨다. 내 이름이 호명되고 고모, 엄마, 큰아빠, 나 이렇게 진료실에 들어갔다. 나는 그간 있었던 일을 나열하기 시작했다.

"제가 생일에 케이크를 먹고 체한 줄 알았었는데…."

내 이야기를 들으며 타이핑을 하는 의사선생님은 중간중간 피식하며 미소를 지었다. 어찌나 기분이 나쁘던지.

"이야기 다 끝나셨나요?"

"네."

"역류성 식도염입니다."

"네?"

나는 한참동안 어이가 없었다.

"안 믿기세요? 암이라고 해 드릴까요?"

"아니 그게 아니라…."

"병은 손톱만 한데 검사를 너무 큰 것들을 하셔서 억울하실 수도 있겠네요. 그런데 가벼운 병이고 나을 수 있으면 감사해야 하는 거 아닌가요."

맞는 말이었다. 감사했지만 나는 한동안 계속 멍하니 서 있었다.

"약 처방해 드릴게요. 식사하시고 바로 누우시면 안 됩니다."

재도약

나는 서울로 돌아와 코이카 코디네이터를 준비하기 시작했다. 마침 사이트에는 모집공고가 떴고 아픈 걸 까먹을 정도로 하나의 몰두거리가 생겨서 나는 기뻤다. 영어면접도 있으니 OPIc 시험도 꾸준히 준비했다. 직무

수행계획서, 영문이력서 및 영문자기소개서와 추천서가 필요했고 직무수행계획서는 표지 포함 10~15페이지, 글자 크기는 13포인트였다. 나는 직무수행계획서를 어떻게 써야 할지 너무 감이 오지 않아서 내가 활동했었던 기관선임이자 교육 선생님이었던 분과 연락을 해 만났다. 직접 코디네이터를 하셨기 때문에 여러 가지 조언도 해 주셨고 나는 수첩에 하나하나 받아 적었다. 그리고 OA 실력이 뛰어난 고등학교 동창과 만나 직무수행계획서를 7시간째 수정하는데 친구는 말했다.

"너 1, 2월에는 얼굴이 거의 잿빛이었는데, 이거 준비하면서 역시 얼굴이 살아났네. 다른 사람들은 이런 거 준비할 때 더 힘들어하는데… 진짜 너 같은 사람 안 보내 주면 누가 가겠냐."

나는 새로운 마음으로 증명사진도 다시 찍었다.

심리지원 워크샵

코디네이터 준비를 하며 활기를 되찾던 나였다. 뭔가에 몰두하고 규칙적인 생활 덕에 꽂혀 있던 것 같은 칼이 저절로 빠져나간 느낌이었다. 귀국 단원 프로그램 중에 심리지원 워크샵이 있었다. 나를 위한 프로그램 같았다. 활동했던 것도 나누고 추억을 회상하면 내 마음도 좋아지지 않을까 하는 생각에 신청했다. 가 보니 10명이 채 안 되는 사람들이 모여 있었고 코이카 단원은 나 한 명뿐이었다. 각자 다른 NGO단체에서 활동했던 사람들이었다. 자기소개를 하고 활동에 대한 이야기도 나누고 그림치료도 하고 포스트잇에 나에 대한 단어를 적고 붙여 보는 시간도 가졌다. 사람들 중 몽골에 다녀온 친구와 사귀게 되어 저녁을 먹으며 몽골 추억을 떠올리곤 했다. 곧 몽골에 간다고 생각하면 마음이 다 좋아졌었다.

나는요 몽골이 좋은 걸 어떡해

그렇게 3개월간 서류 준비를 했고 드디어 사이트에 들어가 '지원하기'를 클릭했다.

Q. 과거 경력(해외봉사단 또는 새마을봉사단의 활동경험, 국제개발협력 경력 등) 소개

A. 저는 한국어교육 분야로 해외봉사단을 경험하였습니다. 제가 파견된 곳은 외국어학교로 초·중·고 학년이 모두 있는 학교였으며 교내외 행사 및 올림피아드 대회 등 수업 이외에도 여러 활동들을 활발하게 하는 곳이었습니다. 저는 먼저 한국어교육을 하기 위해 저 스스로 한국어를 깊게 공부하였고 현지 학생들에게 더 쉽게 알려 주기 위해서 파견국가 언어인 몽골어 또한 열심히 하였습니다. 저의 주요 직무 중 하나인 올림피아드를 주최 및 진행하면서 참가 학생들과 함께 말하기대회, 글짓기대회, 노래대회 등을 준비하고 행사 진행 계획서 및 포스터를 제작하여 주변 참가 학교들

에게 알리고 올림피아드를 홍보하여 참여를 독려하였습니다. 또한 노래대회에서는 특기인 피아노 연주로 합창을 준비하여 여러 행사에 참여해 수상하였으며 올림피아드 및 교내외 행사의 진행도 해 봄으로써 한국어교육 이외에 관련된 행사에서 저의 색다른 재능을 재발견하는 시간이었습니다. 처음에는 전공도 아니었고 경력도 없었기에 두렵기만 했던 한국어교육 분야 파견이 저의 역량을 최대한 활용할 수 있게 해 주어 두려움을 자신감으로 바꿔 준 귀중한 해외봉사경험을 얻게 해 주었습니다.

Q. 코디네이터 응시 동기 및 향후 계획(코디네이터 근무 종료 후 계획)

A. 2년간의 보람찬 해외봉사활동을 하면서 마음 한편으로 코디네이터 직무에 관심을 가지기 시작하였습니다. 단원 시절을 경험하면서 더 채워졌으면 하는 부분이나 제도 개선 사항들 또는 사무소와의 관계, 코디네이터의 역할 등을 생각해 보며 관심으로 시작한 마음은 점점 더 커져 갔습니다. 단원 생활을 열심히 하다 보니 훗날 코디네이터가 되었을 때 어떠한 방향으로 단원의 활동을 지원해 주면 더 좋을지에 대한 답변을 하나둘씩 알아갈 수 있었습니다. 또한 사무소를 방문할 때 코디네이터의 직무를 조금이나마 관찰할 수 있었고 그 당시 코디네이터들과의 면담을 통하여 직무에 관한 이야기도 나누었습니다. 조언 중에는 다양한 연령대의 파견인력을 관리하고 지원해 주는 일이기 때문에 많은 사람들과 관계 맺는 일 또한 잘 해야 한다고 들었을 때 직무에 필요한 기본적인 성향이 저에게 겸비되어 있다는 생각이 들었고 진심으로 인생에서 꼭 한 번 해 보고 싶었습니다. 또한 저에게는 너무나도 가슴 뛰는 일이기 때문에 귀국 후 1년간의 준

비를 통해 코디네이터에 걸맞는 사람이 되기 위하여 노력하였습니다. 근무 종료 후에는 현지 대사관에서도 일해 보고 싶습니다.

Q. 바람직한 한국 해외봉사단원 및 새마을리더 봉사단원에 대한 견해

A. 제가 생각하는 바람직한 봉사단원은 먼저 구체적으로 내가 해외에 나가서 어떻게 봉사할 것인지에 대한 목적이 뚜렷하게 세워져야 한다고 봅니다. 목적이 설정되면 그에 대한 목표가 생기고 그것을 달성하려는 의식이 생길 거라 확신합니다. 파견 기간 1, 2년의 시간은 결코 짧은 시간이 아니며, 자신의 인생의 목적을 언제나 뚜렷이 할 필요가 있다고 생각합니다. 또한 지원 국가에 대해 어느 정도 지식을 갖추고 있으며 관심을 가지고 알아 본 후 그에 따라 내가 가지고 있는 역량은 무엇인지, 또 무엇으로 그들에게 도움을 주고 어떤 방식으로 교류 및 협력하여 서로 좋은 우호관계를 맺을 수 있을지에 대해서도 많이 생각해 보고 파견국가와 해외봉사에도 애정이 있다면 더욱 좋겠습니다. 또한 한국인에 대한, 곧 코이카에 대한 위상을 널리 떨칠 수 있는 봉사단원이라면 더욱 멋질 것이라 생각합니다. 한국인이지만 해외봉사단원으로 아무나 파견되는 것이 아닌 것처럼 한국인과 코이카의 위상을 떨어뜨리지 않고 또 건강하게 봉사를 잘 수행한다면 본인에게 뿐만 아니라 자랑스러운 한국인으로써도 부끄럽지 않은 해외봉사단원이 될 것이라 믿습니다.

Q. 주요 성장배경 혹은 사회생활 경험 소개

A. 저는 어렸을 때부터 이사를 자주 다녔는데 그때마다 아버지가 저희

가족의 생계를 위해서 최선을 다하시는 모습, 어머니는 거처를 옮겨 묵묵히 따라가는 모습을 보며 이사에 대한, 또 바뀌는 상황에 대한 불평을 하지 않았습니다. 어쩌면 어렸기에 감당하기 어려운 이사라는 두렵고 떨리는 상황을 즐거움과 설렘으로 바꿀 수 있는 마음가짐을 갖게 한 가정이었습니다. 어렸을 때 사랑하는 자식들을 위하는 부모님의 힘든 삶을 몸소 보고 자라서 그런지 또래 아이들보다 더 빨리 성숙할 수 있었던 게 아닌가 싶습니다. 이사할 때 가까운 곳이 아닌 지역을 옮기게 되면서 여러 도시의 친구들이 생겼고 이사와 동시에 전학도 여러 번 하였습니다. 그러면서 새로운 곳에 금방 적응하는 힘과 처음 보는 사람들과 빨리 가까워지는 친화력도 길러졌으며, 어떠한 변화에도 굴하지 않는 유연한 성격의 소유자가 되었습니다. 또한 중학교 3학년 때, 대학교 때, 교환학생 등 부모님과 떨어져 지내는 연습을 연이어 하게 되면서 독립심 또한 자연스레 키워졌고 지금까지의 삶에 여러 경험들을 통해 완성된 저의 자아에 만족하며 평범하지 않았던 삶을 결코 후회하지 않습니다.

나는 도가 지나치게 긍정적이었던 걸까. 서류만 제출했을 뿐인데 곧 몽골에 갈 것처럼 기쁨에 차 있었다. 저 지원서도 이렇게 제출할 거라며 당당하게 가족들 앞에서 읽어 주던 나였다. 며칠 뒤 서류전형 합격자 발표일이 됐고 보란 듯이 불합격했다. 그날도 어김없이 매일 출근하던 카페로 갔다. 음료를 시켜 마시는 것조차 사치처럼 느껴졌다. 의자에 앉아 창밖을 바라보며 아무 생각이 들지 않고 그저 허무했다. 나는 2009년부터 모든 사진을 저장해 놓곤 했는데 하필 2년 전 그날 우리 가족이 처음 몽골에서 만난 날이었다. 몽골에서 찍은 첫 가족사진을 가족 카톡방에 올리며 불합격 소식을 전했다. 몇 초 지나지 않아 진동이 마구 울려댔다. 아버지였다. 왠지 아버지 목소리를 들으면 왈칵 울 것만 같아서 나는 전화를 받지 않았다. 그저 나는 '어떡하지?'라는 생각밖에 들지 않았다. '어떻게 하면 몽골에 갈 수 있을까?'라는 생각밖에는.

사실 내일이라도 당장 비자 받고 비행기를 타고 몽골에 갈 수는 있었다. 하지만 그렇게 여행 가듯이 무작정 가고 싶지는 않았다. 이렇게 바로 무너질 수 없었다. 마음을 가다듬고 내가 다시 눈을 돌린 곳은 코이카 홈페이지였다.

끝날 때까지 끝난 게 아니다

Q. 해외봉사단에 지원하게 된 동기는 무엇입니까?

A. 두근거리고 설렜던 첫 지원의 기억이 생생합니다. 첫 해외봉사단을 통해 얻은 경험은 제 인생에 있어서 많은 변화를 가져다주었습니다. 막연하게만 생각했던 해외봉사를 직접 체험함으로써 해외봉사는 무엇이며 그것을 통해 얻을 수 있는 것들은 무엇인지, 또 지원 국가와 분야에 대한 지식까지 얻을 수 있어서 너무나 값진 경험이었습니다. 귀국 후 여러 가지 생각과 준비 속에서 해외봉사를 했었을 때만큼의 가슴 뛰는 일을 아직 찾지 못하였습니다. 마음과 생각은 그곳에 가 있고 다시 활동하게 된다면 보

완해야 할 점과 더 잘할 수 있는 부분들, 세부 계획 등이 제 머릿속을 온통 차지하였습니다. 그 가슴 떨리는 해외봉사를 다시 한번 해 보고 싶고 한 번의 귀중한 경험을 통해 시행착오를 겪으며 깨닫고 얻은 것들을 토대로 해외봉사에 접목시켜 활용할 수 있는 기회로 삼고 싶습니다.

Q. 자신의 삶에서 가장 중요한 사건이나 경험과 그로 인한 영향 또는 변화는 무엇입니까?

A. 저는 고등학교 3학년인 19살 때 처음으로 해외에 나가 보았습니다. 그때 대학입시 준비가 한창이었을 때인데 8월 중순 학생캠프로 몽골에 가게 되었습니다. 처음 나가 보는 해외가 마냥 신기했고 유럽이나 미국 등 선진국이 아닌 첫 해외지가 몽골이었기 때문에 더욱 특별하였습니다. 평소에 당연하게 생각했던 물, 공기, 자연현상들에 대해 감사하게 된 계기였고 '내가 충분히 누리며 살고 있구나'라는 것을 깨닫게 되었습니다. 반면 생활환경과 여건은 불편할지라도 마음과 사람의 내면이 순수하고 올바르다면 본인의 현재를 만족하며 살아갈 수 있고 꼭 선진국이 아니더라도 행복할 수 있다는 깨달음과 함께 그 나라가 해외라기보다는 제2의 고향처럼 편하게 다가왔습니다. 그래서 난생처음 하고 싶은 것, 진정으로 배워 보고자 하는 것이 생겼고 한국으로 돌아온 후 대학 전공의 진로도 바뀌었습니다. 이 중요한 사건이 현재 지금까지도 제 삶의 목적을 이끌어 가고 있는 중입니다.

Q. 지원직종과 관련하여 다른 지원자와 차별되는 자신만의 장점은 무

엇입니까?

　A. 한국어교육과 관련하여 저만의 장점은 성격과 실제 현지에서의 경험입니다. 성격적인 부분은 교육에 있어서도 수업을 이끄는 사람의 성향이 중요하다고 생각합니다. 특히나 외국어를 배운다고 한다면 적극적인 자세로 배우는 학생과 가르치는 교사와의 의사소통이 잘 이루어졌을 때 더욱 시너지 효과가 나타나기 때문입니다. 어렸을 때부터 수많은 이사 덕에 얻은 친화력과 적응력으로 외국인 학생들에게 친밀하게 다가가고 교육을 함으로 더욱 재미난 한국어 수업을 이끌어 나갈 수 있을 것입니다. 또한 인생 중에 경험만큼 큰 자산은 없다고 생각합니다. 해외봉사 2년간의 한국어교육을 통하여 얻은 경험을 바탕으로 또 다른 대상의 수강자들을 실력과 성향에 맞추어 수업을 진행할 수 있습니다.

　Q. 지원직종과 관련 있는 교육, 훈련, 연구 등의 경험과 파견국에서 그 경험의 활용방안은 무엇입니까?

　A. 현지에서 한국어교육을 해본 결과 제 경험으로는 거의 모든 학생들이 말하기가 제일 취약한 것으로 나타났습니다. 파견된 곳의 교육 환경 자체도 학생들과의 의사소통 없이 일방적으로 교사가 전달하는 위주의 수업이었고 그렇다 보니 어렸을 때부터 여러 사람 앞에서 말할 수 있는 기회가 많지 않고 자신감이 떨어지는 것을 볼 수 있었습니다. 학생들의 말하기 능력을 끌어올리기 위해 한국어 수업 시간에 쉽게 해 볼 수 있는 놀이(말 전달하기, 이구동성 맞추기)로 말이 트일 수 있게 연습한 후 본인이 이야기하고 싶은 주제로 글을 써서 많은 친구들 앞에서 발표하는 연습 등 가능

한 수업 시간에 모두가 말할 수 있는 수업 활동을 해 보았습니다. 그렇게 조금씩 입을 떼기 시작하여 한국어 올림피아드 말하기대회 준비로 청중이 다른 대상으로 바뀌어도 자신 있게 이야기할 수 있는 학생들이 되었습니다. 더불어 많은 사람 앞에서 이야기할 때의 기본자세나 무대 매너 또한 갖출 수 있는 기회가 되었습니다. 물론 듣기, 읽기, 쓰기, 문법, 독해 등 한국어교육 관련 이론 교육도 소홀히 하지 않았고 관련 간단한 게임을 통해 거리감을 좁힐 수 있었습니다.

Q. 해외봉사활동 기간 동안 반드시 해 보고 싶은 일과 그 이유는 무엇입니까?

A. 여행과 해외봉사활동 2배로 즐기기입니다. 개인적으로 여행을 하면서 얻을 수 있는 것들이 참 많이 있는데 첫 해외봉사 단원 시절에 국외휴가를 한국으로 다녀온 것이 조금 후회가 됩니다. 한국으로 가야 했던 목적 달성은 이루어졌지만 다른 나라를 경험해 볼 수 있는 기회를 놓쳤다는 생각이 조금은 들었습니다. 또한 사실 첫 해외봉사는 설렘보다는 두려움이 컸고 처음 해 보는 일이라서 그런지 적응하는 데에 시간을 많이 투자했던 것 같습니다. 하지만 이제 2년간의 든든한 경험을 바탕으로 한국어교육에 대한 버벅거림과 실수를 줄이고 자신감과 사명감으로 나 자신을 무장하고 2배로 즐길 수 있는 해외봉사활동이 되기를 바랍니다.

Q. 해외봉사활동을 마친 후의 계획은 무엇입니까?

A. 해외봉사활동을 열심히 하고 마친 후에는 주변 단원들 못지않게 뿌

듯함을 2배 이상 느낄 수 있을 것 같습니다. 이번 경험을 통해 다시 한번 저의 커리어를 쌓고 더 나아가 해외봉사활동을 하는 단원들의 눈과 귀가 되어 주는 코디네이터 직무도 다시 재도전할 수 있는 힘과 지식을 더욱 쌓고 싶습니다. 어느 누구보다 지원 국가와 직무분야의 전문가가 되어서 누군가가 저와 같은 경험을 하게 되었을 때에 귀 기울여 들어 주고 공유하며 조언을 해 줄 수 있는 사람이 되고 싶고 저를 항상 응원해 주시는 가족들과 친척들을 찾아뵙고 건강히 잘 다녀왔노라고 인사를 드릴 것입니다. 마지막으로 저의 가치를 더욱 높여 줄 수 있는 것들로 더욱 성장해 가는 저를 채울 것입니다.

지원서의 질문들이 조금 바뀌어 있었고 텅텅 비어 있었던 자격증 란에는 그동안 취득한 자격증들로 채울 수 있었다. 공고를 보면 첨부파일에 지원 국가와 그에 따른 분야, 그리고 파견 기관을 볼 수가 있는데 이번에는 대학교였다. 서류 합격을 하고 면접을 보러 오라고 문자가 왔다. 그때 부모님 반응은 이러했다.

아버지) 코디네이터 떨어졌을 때 이제는 포기하겠지, 이제는 안 가기를 바랐지. 근데 또 코이카 단원을 신청했다고 하니까 2년이 너무 아까운 시간이고 너 나이도 찼고 이제. 근데 너는 언젠가는 다른 방법을 찾아서라도 몽골에 갈 거라고 생각했다. 저걸 막으면 병나면서 아무것도 못할게 뻔하지.

어머니) 우리 딸은 20대 청춘을 몽골에서 다 보내는구나 생각하니까 시간이 아깝고 또 같은 단원으로 2년을 보내기 싫은 마음이 먼저 들었지. 근데 몽골 가고 싶어 하는 마음이 너무 보이니까 막을 수가 없었어.

자신감 만렙

언제나 면접이라는 건 여전히 떨리고 긴장되는 일이었다. 일찍 일어나서 오빠가 데려다주었는데 그날 비가 하늘에서 구멍 난 것처럼 내리고 있었다. 자연스럽게 5층 대강당으로 가서 적성검사를 하고 내 이름 부르기를 기다렸다. 92기 때는 적성검사를 빨리 끝내고 바로 집에 갔었는데 이번에는 여유를 부려서 그런가 하고 있는 도중에 이름이 불렸고 남자 1명, 여자 1명과 함께 들어가게 되었다. 역시나 면접관은 3명이었고 이번에는 가운데 앉게 되었다.

"최선미 씨는 몽골에 자주 갔다 오셨네요. 그런데 또 몽골을 가게요?"

옆에 여자 면접관도 압박 면접이 시작되었다.

"코이카를 잘 모르시는 모양인데 1지망에 쓴다고 다 보내 주지 않아요. 그리고 두 번째 가는 단원에게는 더더욱 그렇고요."

"네, 알고 있습니다. 그래도 저는 몽골로 가고 싶습니다."

너무 당찼던 걸까. 다음 질문이었다.

"그럼 본인의 2년간의 해외봉사활동을 평가해 보시겠어요?"

"네, 저는 2년간 성실히 한국어교육을 했고…."

내 입으로 내 칭찬하기 민망했다. 빨리 끊어 주세요, 그냥.

"그 몽골 사무소에서 최선미 단원에 대한 평가 종이가 지금 제 손에 있어요."

"그럼 그거 보시면 되겠습니다."

당연히 몽골현지사무소에서 나를 평가한 것을 보진 않았지만 열심히 했으니 평가가 좋았을 것이라 믿었다. 예상은 적중했고 무거운 면접 분위기는 나의 적절한 당당함에 얼음이 녹듯 따뜻해지고 있었다.

"아니, 왜 또 몽골에 가려고 그러세요. 거기 뭐 숨겨 둔 것이라도 있나?"

"저는 그 나라를 좋아하는 것에 그치지 않고 사랑합니다. 그리고 경험이 있고 2년 동안 몽골에서 사고 없이 잘 활동하고 왔다면 다시 파견된다 해도 코이카의 이름을 실추시키지 않고 더 잘할 수 있지 않을까요? 사랑하는 나라에 갔으니까요. 희망 국가에 파견된다면 더욱 열심히 활동할 수 있을 것 같습니다."

마치 옛날 TV 광고가 생각나지 않나. '꼭 가고 싶습니다!'

압박 면접이 끝나고 나와서야 숨을 고를 수 있었다. 같이 들어갔던 남자 선생님은 말씀하셨다.

"최 선생님은 어쩜 그렇게 말씀을 잘해서. 내가 또 한 수 배웠네. 꼭 붙을 거 같아. 그런데 두 번째 나가는 거라고? 정말 대단하시네."

5층으로 오는 내내 여러 가지 궁금하신 것들을 물어보았다. 적성검사가 끝나지 않은 채 대강당 앞에서 이런저런 이야기를 하고 있었는데 낯익은 얼굴이 나타났다.

"아니, 안녕하세요? 면접 보러 오셨나 봐요?"

몽골에 있었을 때 내 바로 윗기수 오빠였다. 오빠는 118기 서류 합격해서 면접을 보러 간다고 나에게 말했었는데 나는 말하지 않았다. 분야도 다르고 면접시간도 다르니까 안 마주치겠거니 했는데 딱 마주친 거다. 밖으로 나가 보니 비가 그쳐 있었고 오빠도 면접이 끝나고 나를 차로 데려다주었다. 며칠 후 우리는 교육원에서 재회했다. 이번에는 동기 기수로.

영월 교육원 입성

영월 교육원에 도착했다. 나와 함께 몽골로 가는 단원은 3명이었고 룸메이트는 나 포함 5명이었다. 몽골 동기 중 막내는 면했고 이번 교육은 두 기수가 함께 교육을 받게 되었다. 내가 처음 코이카 교육을 받았던 양재와 달리 숙소와 교육장소가 너무 멀리 느껴졌다. 영월에 교육원이 지어진다고만 들었었는데 그곳에 내가 와 있다니 신기했다. 숙소를 배정받고 물품을 지급받았다. 숙소에 가 보니 2층 침대가 4개 있었다. 다들 2층 침대 사용을 꺼려 했지만 나는 2층을 좋아했다.

"제가 2층 쓸게요. 괜찮으신가요?" 하고 물었더니 다들 좋아했다.

짐정리를 마치고 첫날, 낯선 곳에서 처음 보는 사람들과 자려고 하니 도통 잠이 오지 않았다. 우리 5명은 급기야 가운데 책상 조명만 켜고 이야기를 나누기 시작했다.

"저는 이번에 두 번째로 가게 되는 거라서…."

"진짜요? 처음에 어디로 갔었어요?"

"몽골이요."

"이번에는요?"

"몽골이요."

1층 침대에서 4명의 룸메이트들은 놀란 눈으로 2층 침대에 앉아 있는 나를 올려다보았다. 나는 별 일 아니라는 듯 웃음으로 그 상황을 넘겼다.

국별 모임

파견기관과 출국날짜를 알려 주는 날이었다. 동기들은 다 예상했던 곳이라는 표정을 지었다. 나는 기관과 지역에 대한 프린트를 받아들고 한동안 보지를 못했다. 눈을 질끈 감았다가 종이를 돌리고 눈을 떴는데 울란바토르였다. 그리고 파견될 기관은 몽골 국립교육대학교였다. 울란바토르인 것도 기뻤고 대학교라는 사실이 더 기뻤다. 그리고 우리는 12월 21일 출국하게 되었다. 날짜도 너무 적당했다. 교육원 들어온 후 제일 기쁜 날이었다.

현지어 경연대회

국내교육이 5주에서 8주로 늘어나면 서 여러 가지 활동들이 생겼다. 이름하 여 현지어 경연대회. 각 나라별 현지어 로 장기를 준비하여 발표하는 행사였 다. 우리 몽골팀은 동요 '바람 불어도

괜찮아요'를 몽골어로 개사해서 율동과 함께 부르기로 했다. 의상은 몽골 전통 옷인 델을 입고 몽골 모자를 쓰고 등장했다. 순서가 앞쪽이라서 다행 이었다. 몽골 현지어 선생님과 동기들과 함께 사진을 남겼다. 재밌었다.

다짐의 시간

교육원 퇴소 마지막 날 저녁, 다짐의 시간을 갖는다. 전체 소등을 하고 초를 켠 후 종이를 받고 1년 뒤 나에게 편지를 쓴다. 정확히 1년 후 현지에 서 이 편지를 받아보게 된다.

　몽골을 너무나도 사랑하는 너에게

　선미야 너가 바라고 바랐던 몽골에 드디어 가게 되었네. 다짐의 시간

을 두 번째 하게 될 줄이야. 시간 참 빠르다.

기관은 어때? 대학교에서 활동해 보니까 더 힘드려나. 다시 가니까 보란 듯이 행복하니? 이제 결정의 기로에서 윤곽이 좀 잡혀? 아무쪼록 건강 잘 챙겼으면 좋겠다.

몽골에 꼭 있어야 한다는 강박은 버리되, 너가 하고 싶은 일은 하고 있기를. 남은 생애 무엇이 더 값질지 생각해 보도록 해. 때론 무섭고 버거울 테고 미래를 모르는 상태니 뭐라 해야 할지 모르겠다. 거기는 진짜 또 추워졌겠네. 다 뜻이 있을 거야. 너무 걱정하지 말고 힘내고 1년 후 이 편지를 보고 있겠지? 많은 부분 궁금하지만 미래에 맡겨야지 뭐.

너는 걱정할 거 없이 잘 지내고 있을 거니까 남은 시간도 잘 지내기를 바랄게. 몸 건강히. 그곳에 있는 동안 더욱 많이 느끼기를 바랄게 몽골을.

길고긴 8주가 드디어 끝났다. 만세! 짐 잘 싸서 비행기 잘 타고. 만날 사람들 다시 보니까 행복하겠지? 몽골어도 늘었을 테고?

— 너를 사랑하는 선미가

그렇게 새로운 인연들과의 만남을 뒤로 하고 또다시 몽골로 떠날 준비를 하고 있었다.

절실했던 다섯 번째 몽골

진짜 가는구나, 드디어. 잠을 잘 자고 아침에 단복을 입고 오빠 차에 올라탔다. 겨울이라서 최대한 몸에 지니려고 겉옷에 목도리에 귀마개에 말도 아니었다. 겨울에 출국하면 또 이런 애로사항이 있구나 싶었다. 대한항공에 몸을 실었다. 내 자리는 32G. 창가 바로 옆이었다. 내 옆자리에는 크리스피 도넛을 잔뜩 사 가는 몽골 남자가 앉아 있었고 맞은편에 있는 몽골 아저씨가 나의 무겁고 심란한 짐을 3개나 올려 주셨다. 30분이 지나자 바로 기내식이 나왔고 웬일인지 맛이 없어서 "다른 메뉴로 바꿀 걸." 하고 혼잣말을 했는데 그걸 들었는지 옆자리의 몽골 남자가 본인의 벨을 눌러 나의 기내식을 바꿔 주었다.

"감사합니다."

"몽골엔 무슨 일로 가요?"

"혹시 코이카 들어보셨나요? 봉사하러 가요."

"들어봤어요. 근데 입고 있는 옷은 뭐예요?"

"아, 저희 코이카 단복이에요. 출국할 때
꼭 입어야 해서요. 이게 상징이거든요."

영화를 하나 재미있게 보고 나니 착륙이
1시간도 남지 않아서 너무 기뻤다. 창밖을
응시했다. 모든 것이 하얀색이었고 나의 감
정은 설렘 그 자체였다. 공항 밖으로 나갔더
니 코이카 현지직원들과 선배 단원 두 분이

나와 주셨고 출구 문이 열리고 마주한 몽골은 석탄 연기로 뿌옇게 뒤덮여 있었다. 도무지 앞이 보이지 않았고 너무 차가웠다. 짐을 싣고 숙소로 향했다.

1시간 정도 지났을까. 오랜만에 석탄 냄새를 맡으니 머리가 아파 왔다. 우리는 4명이라서 호텔 방을 혼자씩 쓸 수 있게 배려해 주셨다. 1층 식당에서 식사를 마치고 숙소로 돌아왔다. 와, 다시 몽골에서의 첫날밤이라니… 너무 행복했다.

몽골 대기오염의 실체

코이카는 현지 어학원 두 곳과 계약하여 기수별로 번갈아 가며 학원을 가는데 92기 때 갔었던 학원으로 가게 되었다. 담당 선생님들은 나를 보고 반가워하셨다. 3년 만의 재회였다. 첫 시간 테스트를 마치고 어뜨너 선생님과 이야기를 나누었다. 몽골의 현황과 문제점들에 대해서. 이 선생님의 입에서 나오는 이야기가 하나같이 주옥같았다.

"정말 몽골은 시간이 필요하고 구세대와 현세대의 조화가 이루어져야 해요. 그리고 겉으로만 발전될 것이 아니라 사람들의 의식이 바뀌어야 합니다. 여기 사람들은 버스 안에서도 창문을 열고 껌을 뱉는데 그럴 때마다 저는 그 사람에게 말해요. 당신의 방금 행동은 옳지 않아요. 새벽 4시에 일어나서 길을 청소하는 사람을 생각해 보세요. 당신은 좋은 사람인거 같은데 방금 그 행동으로 인해서 안 좋은 사람으로 보이기 시작했어요. 옛날에는 그렇게 말했을 때 나를 엄청 째려봤었는데 최근 들어서는 '아, 그래요. 죄송합니다'라고 답변해요. 이런 작은 변화들이 점점 많아졌으면 해요."

선생님은 이어서 말씀하셨다.

"할아버지 할머니들 그리고 만약 부모가 어린이를 데리고 길을 건너려고 한다면 빨간불일 때 걸어가고 싶어도 그 아이가 보고 그대로 따라 하기 때문에 꼭 파란불에 건너야 한다고 가르쳐야 해요. 말보다는 몸소 보여 주는 게 참교육이에요."

그리고 더불어 '울란바토르 시민으로 살려면 교통법규를 지켜야 한다'라는 법이 존재했으면 하고 바라는 눈치였다. 맞는 말이었다. 신호등과 건널목이 생겼음에도 불구하고 무단횡단을 하는 걸 자주 본다. 몽골의 시민의식이 바뀌어야 함을 뼈저리게 느꼈다.

그리고 현재 울란바토르의 최고 문제점은 대기오염이다. 겨울철 전 세계에서 가장 대기질이 좋지 않은 도시, 몽골 울란바토르. 몇 가지 원인들을 선생님과 이야기했었다. 첫 번째는 울란바토르 지형이 분지이기 때문에 산맥으로 둘러싸여 도시 내로 공기가 잘 들어오지 않아서 한번 오염인자가 들어오면 바깥으로 빠져나가기가 힘든 것이다. 한마디로 순환이 되지 않아 오염인자가 겨울 내내 수도에 계속 있는 상태인 것. 그다음으로는 적은 강수량도 대기오염을 강화한다. 몽골은 특히 강수량이 매우 적은데 비가 옴으로써 나타나는 세정효과도 없어서 그대로 갇힌 셈이다.

그리고 몽골의 사막화는 더 잦은 황사를 몰고 왔다. 사막화가 심해지자 초원의 풀이 사라지면서 가축들도 죽어갔다. 그래서 살 터전을 잃은 유목민들이 게르를 끌고 도시로 몰려오게 된 것이다. 나는 안타까운 마음에 질문했다.

"선생님, 그러면 몽골 정부에서는 아무 대책도 세우지 않았나요?"

"몽골 정부는 앞으로 울란바토르에서 생석탄 사용을 금지하고 도시에서 가까운 게르촌 1구역에는 밤에 사용되는 전기료를 보조하겠다는 등 대책을 마련했지만 게르촌 빈민들에겐 여전히 전기료가 비싸게 느껴지고 대부분 게르촌에는 중앙난방시스템도 연결되어 있지 않은 상태예요."

몽골어로 매연이 '오타'인데 '오타바타르'라는 말이 나올 정도였다. 정말 몽골 정부는 현실적인 대책 마련을 빨리 세웠으면 좋겠고 몽골 시민들은 한 사람부터 시민의식을 가지고 하나씩 몸소 실천해 나갔으면 하는 생각이 들었다.

어이없는 2017년 마지막 날

마지막 날을 호텔방에서 보내기 싫었던 나는 동기 언니를 재촉해 밖으로 나갔다. 이렇게 추운 겨울 마지막 날에 몽골에 없어 봐서 그런지 매우 낯설고 새삼스러웠다. 차도 별로 없었고 사람도 거의 없었다. 교통체증도 없어서 미래의 몽골에 와 있는 기분마저 들었다. 백화점 근처 영화  관 앞 광장에는 얼음을 깎아서 만든 12지 동물들과 얼음 미끄럼틀이 있었다. 이때까지만 해도 좋았다. 가려고 했던 맛집은 직원이 청소를 하고 있었고 문을 닫는다고 했다. 다른 맛집이 생각나서 갔지만 그곳도 문이 닫혀 있었다. 거리에는 술 취한 사람들이 있었다. 오늘이 31일이라는 것을 왜 망각하고 있었을까.

우리는 결국 K○C를 가기로 했고 가는 길에 코너 길에서 나오는 세 남자 중 한 명과 눈이 마주쳤다. 나는 순간 아는 사람인가 하고 뚫어지게 보게 된 것뿐인데 피하거나 안 봤어야 했다. 그리고 나서 언니에게 팔짱을 끼고 걷는데 느낌이 아주 이상해서 돌아봤더니 그 남자가 몸을 숙이고 내 주머니의 지퍼를 열어 손을 넣고 있었다. 팔짱을 끼게 되면 팔짱을 긴 쪽 주머니는 타깃이 된다.

나는 얼른 그 남자에게서 떨어졌다. 그런데 그 남자는 아무 일 없었다는 듯 태연하게 제 갈 길 가는 거였다. 혹시 주머니 안에 없어진 게 있다면 쫓아가야 하나, 쫓아가서 뭐라고 하지 별 생각이 다 들었다. 얼른 주머니에 손을 넣어 보니 호텔 열쇠며 핸드폰, 돈도 그대로 있었다. 다행히 그 외투 주머니가 굉장히 크고 깊숙했다. 심장이 내려앉았다. 항상 귀에 박히도록 듣고 조심해야 한다는 걸 알고 있었음에도 나에게는 이런 일이 처음이었기 때문에 황당하고 어이가 없었다.

놀란 가슴 누르며 KOC에 도착했고 각자 세트메뉴를 시켜서 아래층에 내려가 먹고 있었는데 옆 계단으로 취객이 악취를 풍기며 내려오고 있었다. 마침 넘어지면서 우리는 다른 테이블로 피하는 시간을 벌었고 나는 너무 당황해서 먹고 있던 햄버거와 음료수를 테이블에 그대로 두고 와 버렸다. 취객은 버린 줄 알고 내 햄버거와 음료수를 게걸스럽게 먹었다. 어이가 없어서 그저 웃음만 났다. 그 취객이 직원에 의해 쫓겨나고 난 뒤 우리는 밖으로 나갈 수 있었다. 머릿속엔 온통 '어떻게 집에 가지?'라는 생각밖에는 없었다. 광장에서 새해를 맞이해 볼까 하던 생각은 온데간데없어지고 난 뒤였다.

무사히 호텔에 도착했지만 멘탈은 나가 있었다. 호텔에 돌아오니 저녁 8시… 거의 10여 년 만에 연기대상 1부와 2부를 다 보았다. 몽골은 한국보다 1시간 느려서 한국은 1시간 먼저 새해를 맞이한 상태였고 나는 혼자 TV를 보며 카운트다운을 하고 2018년을 맞이했다. 새해를 이런 기분으로 맞이해 보기는 난생처음이었다. 그것도 내가 좋아하는 몽골 땅에서 말이다. 몇 시간 뒤 해돋이를 보며 마음을 달래야 했다.

2 0

1 8

몽골에서의 해돋이

　2018년의 첫날. 오늘 일정은 기차 타고 해돋이 보러 가기. 새벽 5시에 현지직원이 우리를 픽업하러 왔다. 기차역에 도착했고 우리 동기 넷은 기차한 칸에 자리를 잡고 새해 첫날을 축하하였다. 샴페인과 호쇼르 3개가 나왔다. 2시간 남짓 기차는 달려 해돋이를 보는 장소에 도착했다. 한가운데 캠프파이어처럼 큰 불 3개가 나무를 태우며 온기를 내뿜고 있었고 그 주위로 동그랗게 사람들이 서 있었다. 어두웠던 세상이 해가 점점 얼굴을 내비치며 밝아지고 있었다. 그 사이 몽골 시도 읊고 노래도 부르고 와 있던 무당들도 의식을 행했다.

　몽골에서 해돋이를 본 것은 난생처음이었다. 올 한 해 통째로 몽골에 있다는 사실이 나는 마냥 좋았다. 이렇게 또 1월 1일이 아무렇지 않게 끝나고 있었다.

서프라이즈 파티

새해가 시작되고 4일째 되는 날은 내 생일이다. 자정 12시를 기점으로 가족 포함 수많은 사람들의 축하가 이어졌다. 고마웠다. 하지만 오늘 일정은 하루 종일 현지어 수업… 9시부터 4시 반까지 수업을 하고 동기들과 외식을 하기로 했다. 숙소에서 가까운 맛집 블루핀으로 향했다. 각자 먹고 싶은 걸 주문해서 먹고 숙소에 돌아왔다. 바로 잠옷으로 갈아입었는데 갑자기 남자 단원선생님께서 몽골어로 뭐라고 하는지 모르겠다며 나를 본인 방으로 부르셨다. 현관문 고정이 풀리고 문이 닫히길래 몹시 당황하고 있었는데 불까지 꺼지는 것이었다. 놀래서 나가야 하나 싶었는데 바로 오른쪽 화장실에서 빵에 촛불이 켜진 채로 동기 언니와 동생이 나오며 생일 축하 노래를 불러주었다. 나는 이런 서프라이즈 생일파티가 난생처음이라서 울컥했다. 왜 눈물이 날 것 같은지 이해가 갔다. 너무 고마웠고 정말 생각지도 못했다. 생일파티를 마치고 방에 들어왔는데 동기 언니가 나와 찍은 사진과 함께 편지를 주고 갔다. 딱 봐도 한국에서부터 가져온 게 역력했다. 고마웠다.

칭기스 후레

오늘은 울란바토르 시내에서 조금 멀리 나가는 날이었다. 처음 가 보는 곳이라서 더 기대되었다. 오전에 수업을 하고 점심 먹고 1시에 출발했고 나는 피곤했는지 바로 곯아떨어졌다. 차가 멈추었고 내렸더니 다양한 크기의 게르가 하얀 눈 위에 여러 개 있었고 간만에 상쾌한 공기를 많이 마실 수 있었다. '후레'라는 말은 한 곳에 중점이 되어 사는 정착된 마을을 뜻한다. 그래서 칭기스 후레는 몽골 고대의 풍습, 문화를 보여 주는 곳이라고 할 수 있다. 가장 큰 게르 안에 들어가 보면 고대 왕족들의 사진이 벽에 걸려 있고 칭기즈칸 동상이 자리 잡고 있는 걸 볼 수가 있다. 몽골 전통 놀이를 할 수도 있고 안에는 식당이 있어서 몽골 음식을 먹을 수도 있었다. 하얀 눈 위에 하얀 게르가 더 예뻐 보였다.

OJT 시작

일주일간 OJT를 하게 되었다. 각자 파견될 곳으로 가서 기관을 둘러보고 기관장과 코워커를 만나며 내가 살
집도 구하는 기간이다. 내가 활동하
게 될 기관은 몽골 국립교육대학교로,
한국어교육학과 학생들에게 강의를
하게 되었다. 나는 시간강사였던 선
생님 집에서 묵게 되었고 숙소에서 일
주일 지낼 짐을 싣고 바로 학교로 향
했다. 3층이었고 학과교실에 들어가
보니 삼 분의 일을 교무실로 만들어
놓았다. 교무실에는 한국 남자 교수
한 명만 있었다. 저번에도 그렇고 가는 기관마다 한국 남자분이 있어서 참
희한했다. 곧이어 몽골 여자 교수가 들어왔고 홈스테이를 하게 될 시간 강
사 선생님과는 친구 사이였다.

이날 처음으로 집을 하나 보았다. 이마트에서 5분 거리인데 그리 마음
에 들지 않았다. 선생님 집에 도착하여 짐을 놓고 다른 사이트에서도 여러
가지 집을 보며 내일 전화해 보기로 했다. 집이 잘 구해져야 할 텐데….

선미하우스와의 첫 만남

우리는 준비를 하고 나가서 일단 집을 보기 시작했다. 정말 추웠지만 그

래도 열심히 보자라는 생각이었다. 집을 2개를 보았는데 역시나 별로였다. 그 뒤로 부동산 친구와 함께 집을 보았는데 마음에는 들었지만 비쌌다. 코이카에서 지급되는 주거비에는 정해진 금액이 있었다. 벌써 밖은 어둑어둑해졌고 마지막으로 집 하나를 더 보게 되었다. 하루 종일 지치고 피곤한 마음에 그냥 바로 집에 갈까 하는 생각도 들었다. 우리는 택시가 잡히지 않아서 걸어갔고 1월이어서 매우 추웠다. 집은 13층이었고 집주인도 와 있는 상태였는데 문을 열었더니 어떤 외국 남자가 영문을 모르겠다며 두 팔을 드는 것이었다. 곧이어 몽골 여자가 나오더니 갑자기 화를 내며 들어오지 말라고 소리치고 문을 닫아 버리는 것이었다. 집주인, 부동산 친구, 홈스테이 선생님, 나 우리 넷은 당황했다. 우리는 복도에서 기다리는 상황이 되었다. 그사이 나는 부동산 친구와 대화를 하고 있었는데 집주인이 우리 쪽을 보더니 '몽골어 잘하네'라며 좋아하는 눈치였다.

20분이 지나고 몽골 여자가 드디어 문을 열어 주더니 나와 집주인만 들어오게 했다. 들어가자마자 눈에 들어온 큰 창에 보이는 야경이 내 마음을 통째로 흔들고 있었다. 난방이 한국식이었고 식탁과 옷장이 있었으며 방이 2개인데 각각 침대도 있었다. 1층으로 내려가는 엘리베이터 안에서 부동산 친구와 홈스테이 선생님은 주인을 설득하기 시작했다.

"얘가 한국 여자앤데 몽골어도 잘 하고, 대학 교수예요. 그리고 혼자 얼마나 깨끗하게 살겠어요. 조용하고."

집주인은 내가 마음에 들어 하는 걸 느꼈다면서 남편이랑 상의해 보겠다고 했다. 기분이 너무 좋았고 택시타고 집으로 가는 길에 선생님과 나는 기뻐했다. 이날 이 집을 보지 않았더라면 나는 2년 동안 어떤 집에 살았을까?

새로운 인연

기관장을 만나는 날이었다. 오전 11시쯤 학교에 도착했고 코워커를 만나 4층으로 올라갔다. 비서가 있었고 문 2개를 지나 인문대학장을 만날 수 있었다. 학장이라고 하기엔 생각보다 젊었다. 서로 악수를 하고 기관장은 학교 소개를 해 주셨고 나도 몽골어로 활동 계획을 이야기하고 나왔다. 좋은 사람인 것 같았다.

그리고 이날 몽골어 수업도 하게 되었다. OJT 기간에 채워야 할 몽골어 수업 시간이 정해져 있었다. 나는 선생님을 소개 받고 알려 준 장소로 찾아 갔다. 내가 활동할 건물이 4관이면 수업을 하게 된 곳은 1관이었다. 알고 보니 몽골어를 가르치시는 전공교수님이셨고 이름은 에르덴토야 교수님. 찾아 올라갔는데 젊은 여자분이어서 놀랬고 이 추운 날 반팔을 입고 있어서 더 놀랬다. 교수님도 내가 몽골어 구사하는 것에 신기한 듯 쳐다보셨고 우리는 몰입하여 수업을 했다. 그렇게 1시간이 빠르게 지나갔고 수업을 마쳤다.

테렐지에서의 1박 2일

나는 테렐지 국립공원에 여러 번 갔었지만 겨울에 가는 건 처음이었다. 겨울의 테렐지는 어떨지 궁금했다. 달리고 달려 은빛색의 칭기즈칸이 말 타고 있는 동상, 천진벌덕에 도착했다. 너무 추워서 나가기 귀찮았지만 이것 또한 추억이 될 테니 차에서 내렸다. 겨울에 꼭대기까지 올라갔더니 새삼 더 무서웠다. 겨우겨우 사진만 찍고 내려왔다. 밑에 박물관이 있는 곳으로 내려갔는데 한쪽에 동상을 만든 과정을 영상으로 틀어 주는 곳이 있었다. 처음 가 보았다. 건축되어 가는 영상들을 보니 더 신기했다.

내려와서 동상 근처 숙소로 향했고 국립공원 주변에는 새로운 숙박시설들이 늘어나 있었다. 우리는 침대가 3개 있는 방으로 들어갔다. 별을 본다고 일찍 자고 새벽 3시 반에 일어났는데 없다고 해서 다시 이불 속으로 들어가 잠을 청했다. 다음 날 아침 거북바위 근처에 갔는데 밖이 너무 추워서 이렇게 빨리 차에 탄 적은 처음인 것 같다. 온통 하얀색이었다. 겨울의 테렐지는 마냥 춥기만 했다.

새로운 출발 그리고 퉤퉤퉤

8주간의 현지적응교육이 끝나고 수료식 아침이 밝았다. 단복을 입고 사무소에 도착하여 이름 순서대로 앉고 현지적응교육에 대한 설문조사를 했다. 소장님이 인사말을 하고

그다음 순서대로 몽골어로 소감 발표를 하였다. 그리고 학원에서 준비한

수료증과 몽골비칙(몽골옛날문자)으로 내 이름을 써 주신 것도 감사히 받았다. 학원 선생님께서도 소감을 발표하셨다.

"이번 기수에서 특별한 것은 몽골어 전공자 한 명이 있어서 그 실력을 유지보수 하는 데 중점을 두었습니다."

정말 좋은 선생님이셨다. 나는 오늘 계약한 집으로 짐을 옮기기로 했다. 일단 두 달간 살았던 J호텔로 가서 이민가방 2개와 캐리어 하나를 차에 실었다. 집으로 갔더니 집주인이 기다리고 있었고 동기 언니가 13층으로 짐 옮기는 걸 도와줬다. 그리고 내가 전에 살았던 집에 살던 코이카 단원은 한국으로 귀국을 했고 내가 주고 간 생활용품들을 고스란히 나에게 돌려주었다. 그 짐까지 다 집으로 들여놓았다.

이사까지 하고 나니 파견이 더욱 실감났다. 이사를 마치고 우리 몽골 동기들과 임지파견 전 마지막 밤을 보내기 위해 블루스카이 라운지로 갔다. 거의 다 도착했을 무렵, 몽골 남자가 내 앞에 서더니 담뱃불을 붙이려는 것 같은 행동을 취하다가 내 얼굴에 침을 뱉고 가는 것이었다. 이게 뭐지? 이사 첫날인데 이게 뭐야. 굉장히 모욕스럽고 화가 치밀어 올랐지만 정말 당황한 순간에는 말도 나오지 않는 법이다. 혹시 '쫓아가서 욕이라도 했어야지'라는 생각을 하고 있는가. 직접 이런 상황이 닥치면 그 자리에 우뚝 서 다리가 안 움직이는 스스로를 발견하게 될 것이다. 그리고 쫓아가 욕을 퍼부어 주기에는 이미 너무 멀어진 후였다. 순식간에 벌어진 일이었기에. 게다가 점심 때 긴장한 상태에서 허겁지겁 밥을 먹어서 그런지 위가 너무 아팠다. 허리를 펼 수 없는 상태였다.

겨울의 몽골은 나에게 있어서도 조금 고비의 시간이지만 마음을 긍정적으로 먹으려고 애를 썼다. 동기들과 서로 건투를 빌며 저녁 늦게 헤어졌다. 다시 혼자 사는 삶이 시작되었다.

두근두근 첫 만남

아침이 밝았고 밥을 뚝딱 먹고 출근준비를 마쳤다. 언제나 첫 만남은 두근거린다. 첫 수업은 307호에서 3학년 학생들 수업이었는데 3명밖에 오지 않았다. 첫 시간이니까 수업에 대한 것도 물어보고 간단한 자기소개를 시켜 봤는데 말을 못하는 거였다. 아이들도 긴장해서 그런가.

"아니 얘들아. 너네 3학년 아니야? 자기소개를 못 하면 어떡해."

충격이었다. 나는 자존심을 건드려서 반대로 나에게 당당하게 나오기를 바랐다.

'선생님, 원래 저희 잘하는데 오늘 좀 긴장해서 그래요.' 이런 답변이 나오길 바랐으나 내가 핀잔을 줄수록 학생들은 스스로를 자책하기 시작했다.

"맞아요, 선생님. 저희가 공부를 안 해서 그래요."

더 마음이 아팠다. 그리고 공책을 보니 번역학과도 아닌데 몽골어로 빽빽하게 번역한 흔적들이 자자했다. 나는 문제의 심각성을 깨달았고 열심히 활동해야겠다는 생각이 들었다.

오늘 첫 출근이라서 코워커 선생님께서 내 자리를 안내해 주시고 교실

열쇠도 주셨다. 사실 23번 학교 때는 따로 내 자리도 없어서 가방과 외투를 놓을 곳이 항상 마땅치 않았는데 이번에는 내 자리가 있으니 좀 더 안정적인 느낌이 들었다. 다음 시간은 1학년 수업이었는데 3학년과는 다르게 20명이 넘게 앉아 있었다. 나는 모든 수업 첫 시간에 당부를 했다.

"여러분 제 수업 시간에 안 되는 게 딱 두 가지입니다. 하나는 핸드폰 하는 거, 그리고 하나는 수업 시간에 뭐 먹는 거. 이거 빼고는 다 돼요."

몽골 대학교에서 제일 안 되는 두 가지였다.

"그리고 시험 볼 때 핸드폰이 울리기라도 하면 바로 빵 점 처리 하겠습니다."

학생들은 눈이 동그래졌다.

몽골 친구들 초대 1

몽골 친구들을 여러 명 초대했다. 이사를 하고 개인적으로 우리 집에 온 사람들은 많지만 이렇게 단체로 온 건 처음이었다. 음료수랑 종이컵도 사고 짜장면과 김치볶음밥을 했다. 도착 시간이 제각기 달라서 8시 넘어서쯤 치즈라면과 만두를 구워 줬다. 수다도 떨고 게임도 하고 저녁 11시 반이 되어서야 친구들은 돌아갔다.

집 안에 사람들이 가득했다가 모두 집으로 돌아가고 나면 몰려오는 공허함은 생각보다 컸다. 그 공허함을 물리치기 위해 음악을 틀어 놓고 쌓인 설거지와 뒷정리를 한다. 한 번씩 집에 사람들을 초대할 때마다 우리 집은 새 집이 되곤 했었다. 이 맛에 사람들을 초대하는 것도 있다.

나처럼 해 봐요 요렇게

1학년 수업을 마치고 나가려는데 한 학생이 질문을 했다.

"선생님, 몽골 온 지 두 달 되었다고 하셨는데 어떻게 몽골어를 잘하세요?"

학생들은 가방에 소지품을 넣다 말고 모두 나에게로 시선이 집중되었다.

"바쁘지 않으면 선생님 인생 이야기 좀 들어 볼래? 잠깐이면 돼."

학생들의 눈은 초롱초롱해졌다.

"선생님이 이렇게 몽골어를 할 수 있는 건 대학에서 몽골학을 전공했고 1년간 교환학생으로 몽골에 와서 우리 학교 옆에 있는 몽골 국립대학교에서 공부를 했었어. 그렇기 때문에 지금 외국어, 곧 한국어를 배우고 있는 너희들을 더 잘 이해할 수 있지. 선생님도 4년간 외국어를 전공했기 때문이야. 그래서 내가 공부했었던 경험을 나누고자 해. 예를 들어 이렇게 했더니 새 단어가 잘 외워지더라, 회화는 이렇게 했더니 빨리 늘었다 등등. 지금 당장은 어렵고 힘들 수 있어. 우리 다 같이 앞으로 열심히 해 보자.

내가 도와줄게."

학생들은 이제야 이해가 간다는 표정이었다.

"그리고 선생님 목표는 사전을 외우는 거였어. 나처럼 꼭 하라는 게 아니고 이 정도 목표는 잡아놔야 그 목표에 도달하기 위해서 노력할 수 있더라고. 특히 외국어는 하루만 손을 놓아도 까먹기 일쑤거든."

"네. 맞아요. 선생님처럼 몽골어 잘하는 한국 사람 처음 봤어요. 진짜 멋있어요. 선생님 경험을 토대로 수업을 하시는 거니까 저희도 선생님처럼 될 수 있도록 열심히 할게요."

첫 시간에 나를 몽골 사람이라고 생각한 학생들이 많았다. 나중에 친해지고 나서 들은 이야기였다.

하드 트레이닝

우리 대학교 시스템은 이러했다. 중간고사 2번이 각각 10점, 기말고사 20점, 출석 10점, 그리고 과제 2번이 각각 25점이었다. 각 과목당 시험을 3번에 걸쳐 봐야 했다. 나는 해당 수업 진도에 알맞게 과제를 내주었다. 숫자 써오기, 대화내용을 외워서 짝과 함께 발표하기, 문학 시 외우기 등 다양한 과제를 내주었다. 그 과제들을 통해서도 배울 수 있는 부분이 많았다고 생각한다. 대학교에서 활동을 하다 보니 나의 대학시절 생각이 많이 났다. 그래서 수업시간 중간중간에 내 이야기를 많이 했던 것 같다. 지금

다시 생각해 봐도 하드 트레이닝을 시켜 주셨던 교수님 수업이 가장 기억에도 남고 지금 나에게 피가 되고 살이 되어 준 시간이었던 건 분명했다.

몽골 친구들 초대 2

우리 집에 친구들이 오는 날이었다. 나는 제육김치볶음과 미역국을 준비했고 15인분의 밥을 했다. 다행히 밥솥이 두 개여서 가능한 일이었다. 몽골 친구들이 몽골 음식 보쯔도 가져와서 같이 먹었다. 13층 우리 집의 뷰를 보며 친구들은 매우 좋아했는데 몽골에 높은 건물이 지어진 지 얼마 되지 않았고 높은 층의 가정집이 몇 없었기 때문이었다.

야경과 함께 셀카를 찍는 친구, 창문을 열고 높은 곳의 아찔한 느낌을 만끽하는 친구도 있었고 마치 카페 같다며 따뜻한 차를 마시면서 한동안 창밖을 응시하는 친구도 있었다. 1월 말 엄동설한에 집을 열심히 구하러 다닌 보람이 느껴졌다. 몸은 피곤했지만 우리 집에 와 주어서 고마웠고 덕분에 외롭지 않은 타지생활이었다.

결혼을 축하합니다

5월에 지인 결혼식이 있었는데 축가를 하게 되었다. 4명이서 노래를 부르게 되었고 우리는 시간이 날 때마다 모여서 연습을 하긴 했지만 연습량도 부족했고 저녁이나 새벽까지 연습을 하다 보니 목소리 상태는 말이 아니었다. 드디어 결혼식 당일. 리허설을 한 번 하고 무대에 섰다. 오랜만에 다리가 떨리고 있었다. 신부를 보고 웃으면서 노래를 이어 나갔는데 긴장했는지 신부가 너무 무표정이어서 힘들었다. 반면 신랑은 우리를 보며 활짝 웃고 있길래 중간 부분부터는 신랑을 보며 노래를 불렀다. 나는 나중에 축가를 듣게 된다면 일부러라도 미소를 머금고 있어야겠다는 생각이 들었다.

여름휴가와 바꾼 내 욕심

6월이 되었고 모든 학년의 전공과목 성적처리까지 마치고 종강을 했다. 나는 방학동안 여름특강으로 TOPIK(한국어능력시험) 준비반을 개설하려고 했는데 학과 남자 교수는 꽤 부정적이었다.

"그거 뭐 여름에 몽골 애들이 다 자기 고향 가느라고 누가 오겠어요?"

"사전신청 받았을 때 10명은 넘었었습니다."

"10명은커녕 1명도 올까 말까예요. 그리고 교통비는 어떻게 부담할 겁니까. 그 돈도 없는 애들인데…."

나는 학생들에게 이야기했다.

"얘들아, 시골 가서 쉬고 부모님 뵙고 오는 것도 좋지. 하지만 대학시절에 정말 열심히 공부해 봤으면 좋겠어. 나중에 정말 후회할 일 없을 거야. 이 짧은 방학 동안에 TOPIK 시험 같이 준비해 보자. 한국으로 가고 싶은 친구들은 선택사항이 아닌 필수사항이야."

그리고 혹시나 걱정이 되어 학생들에게 교통비를 물어봤다.

"선생님. 걱정 마세요. 버스비 없으면 걸어서라도 갈게요."

그 마음이 고마웠다. 드디어 첫날. 그래도 제 시간에 많은 학생들이 왔다. 토픽1과 토픽2를 나누기 위해 간이시험을 보고 다음 날부터 각자 실력에 맞추어 반을 나눠서 수업을 했다. 그리고 학생들은 2달 동안 꾸준히 그리고 열심히 준비했다. 나 역시 방학이었지만 수업준비가 하나도 힘들지 않았다.

선미투어 1

현애언니는 2014년 양재교육원에서 동고동락했던 룸메이트인데 내가 몽골에 있을 때 꼭 오기로 했었고 이번 여름이 기회였다. 다음 날 아침에 일어나서 내가 근무하는 학교를 보여 주고 점심에 말고기 샤부샤부로 배를 채웠다. 그리고 몽골 남사친 데미, 그의 친구 보이나와 함께 테렐지로 향했다. 언제 와도 반가운 천진벌덕 동상과 거북바위가 우릴 반겨 주고 있었다. 날씨도 참 좋았다. 저녁에 집으로 돌아와 듣기만 했었던 미니사막에 내일 가볼까 하고 계획을 세웠다. 차를 구하기 위해 23번 학교 때 친해진 체육교사 친구에게 전화를 걸었더니 고향 동생을 소개시켜 주었다. 몽골의 사막은 어떨지 내일 빨리 눈으로 보고 싶었다.

아침 11시, 집 앞에 빨간색 프리우스가 서 있었고 어젯밤 통화 목소리로는 아저씨인 줄 알았는데 알고 보니 나보다 동생이었다.

혼자 가기 심심했는지 친구를 한 명 데리고 왔다. 울란바토르 시내를 빠져나와 4시간을 달려 미니사막에 도착했고 언니와 나는 낙타를 탔다. 생애 처음 낙타를 탄 것이었다. 몽골에는 쌍봉낙타가 있는데 앞에 있는 봉은 손잡이로, 뒤에 있는 봉은 몸을 기댈 수 있는 쿠션이 되어 주었다. 낙타는 무릎을 거의 꺾다시피 구부리면서 앉고 일어서곤 했는데 앞으로 갔다가 뒤로 갔다가를 반복해 저절로 괴성이 터져 나왔다. 울란바토르로 돌아가는 길에 비가 내렸고 무지개를 몇 개를 봤는지 모른다. 역시 몽골의 여름은 너무 예쁘다.

저녁 9시 정도에 집에 도착했다. 같이 다녀온 친구들의 고향은 셀렝게라는 지역이었는데 장난 삼아 이야기하다가 정말 내일모레 가게 되었다.

첫인상은 조금 무서웠지만 착한 친구들이었다. 몽골 남사친이 한 명 더 늘었다. 몽골 이름이 '자기'이니 오해하지 말 것.

우리는 셀렝게로 출발했고 밖에는 비가 오고 있었다. 울란바토르 시내를 빠져나와 셀렝게 지역에 들어서니 동상이 나왔다. 몽골에서만 볼 수 있는 톨게이트. 여기서부

터는 셀렝게라는 표시이고 아래에는 '환영합니다'라는 글도 같이 있었다. 달리고 달려 도착한 새흐니 후틀. 셀렝게를 가면 꼭 들러야 하는 곳이다. 수많은 절벽이 있고 절벽 넘어 러시아 국경이 보인다. 장관이었다. 도착시간이 저녁 8시였지만 밖은 아직 어두워지지 않았다. 과연 오늘 집에 갈 수 있을까. 하루 종일 운전을 한 다른 친구는 뒷좌석에서 자고 몽골 친구 자기가 울란바토르까지 운전하게 되었다. 혼자 심심하다고 해서 나는 조수석에 타게 되었고 우리는 6시간 동안 울란바토르로 가는 차 안에서 많은 이야기를 나눴다.

내가 처음 몽골에 오게 된 이야기부터 시작해서 말해 주다 보니 어느새 도착했고 새벽 3시 반이었다. 언니와 함께한 몽골에서의 시간은 눈 깜짝할 새 지나갔고 정신을 차려 보니 공항에서 인사를 하고 있었다.

와 주셔서 고맙습니다

선임단원의 보고서에는 광복절 이맘때 교원대 학생들이 우리 학과 학생들을 대상으로 수업을 준비해 와서 한국을 알리고 또 서로 친해지는 시간을 가진다고 했었다. 올해에도 인솔교수들과 함께 24명의 교원대 학생들이 우리 학교에 와서 학생들과 2박 3일 정도 시간을 함께했다.

몽골 학생들에게는 한국 친구가 생기는 좋은 기회이기도 했다. 방학 때라서 편한 복장으로 갔더니 대학생으로 오해받기 딱 좋았다. 나는 코이카 단원이라고 소개했고 수업이 진행되는 교실을 둘러보며 의사소통이 안 될 때마다 도와주곤 하였다. 우리 학생들은 매우 즐거워했다.

한국어학과 친선체육대회

11월이 되었고 대학에서 한국어를 배우고 있는 몽골 학생들의 체육대회 날이었다. 종목은 배구, 농구, 줄다리기. 3년 전 이맘때쯤 23번 학교 선생님으로 참관했었는데 이제는 같은 장소에서 우리 학과 학생들을 응원하고 있다니 만감이 교차했다. 우리 학과에 여학생들이 많아서 배구는 조금 선전하는 듯했으나 결국 등수에 들지 못했다. 농구 역시 남학생들이 적어서 힘든 경기였다. 저녁이 다 되어서야 줄다리기가 진행되었는데 뭔가 오해가 있어서 우리 팀 학생 한 명이 더 출전해 버렸던 것이다. 따져 보지도 못하고 우리는 자리로 돌아가야 했다.

사실 조금만 자리에 있다가 아이들과 인사하고 나오려고 했는데 몽골 선생님들은 도통 보이지 않았다. 그래서 나는 저녁 9시까지 학생들과 함께했고 그 체육관에 12시간을 있었다. 저녁도 주지 않는 행사장에서 나는 물과 초콜릿 등을 사서 먹였다. 중간중간 기다리는 시간에 학생들과 사진을 찍으며 더욱 친해졌고 저녁까지 함께해 준 나에게 고마워했다. 다른 학교는 교수님들이 같이 응원도 하는데 우리 학과 아이들 곁에 아무도 없으면 얼마나 힘이 빠지겠나. 비록 등수에 들지 못하고 상을 타지는 못했지만 끝까지 남아서 함께 응원하면서 서로 돈독해질 수 있는 시간이었다.

몽골 국립교육대학교 교내행사

우리 학교도 교내행사가 있었다. 언어의 날 행사. 윷놀이와 공기놀이, 투호, 제기차기를 할 수 있는 공간도 마련하고 교실 벽에는 한국과 관련된 역사 및 문화를 적은 종이들로 꾸며 놓은 것을 볼 수 있었다. 한국어 교재 및 책들을 전시하고 교실에는 한국 노래를 틀어놓았다. 오랜만에 행사하는 것을 보니 재미있었다. 한복을 입은 학생들은 한껏 들떠 있었다. 인문대학교 3층은 중국어교육학과, 일본어교육학과, 한국어교육학과가 함께 있었는데 바로 옆 강의실에도 전통 의상과 전통 음식 등으로 행사를 준비하는 모습을 볼 수 있었다.

크리스마스 선물

　12월이 되었고 한 학기도 마무리가 되었다. 벌써 파견된 지도 1년이 되어 가다니···. 나는 크리스마스 날 한국으로 휴가를 떠나기로 했다. 몸도 마음도 추워져서 다른 나라는 고사하고 고향으로 가고 싶었다. 크리스마스이브에는 친한 몽골 언니와 함께 보냈다. 어디서 루돌프 머리띠를 구했는지 크리스마스 느낌을 물씬 낼 수 있었다. 우리는 월남쌈을 해 먹고 크리스마스 기념 케이크를 사서 들어왔다.

　차가 있던 몽골 언니는 몇 시간 뒤 나를 공항으로 데려다주기로 했는데 주차를 어디에 해야 할지 고민하고 있었다. 이 추운 날씨에 밖에 주차한다면 아무래도 걱정이 되는 상황. 나는 어떻게 할까 하다가 경비 아저씨에게 부탁해 보기로 했다. 그날 다행히 평소 친하게 지내던 분이 경비를 서고 있어서 우리는 케이크를 주며 주차장에 주차를 하게 해 달라고 부탁했다. 원래 우리 집 건물 주차장은 회비를 내고 사용하게 되어 있는데 마침 한 자리가 비어 있어서 4시간만 빌리기로 하고 주차장 안에 주차할 수 있었다. 경비 아저씨의 배려로 공항으로 가는 길은 따뜻했다.

　공항에 일찍 도착했고 다행히 창가 쪽 좌석을 받을 수 있었다. 자리는 17A. 수속을 마치고 앉아 있었는데 이런 생각이 들었다. 나는 이곳에 대체 몇 번째 앉아 있는 건가. 또 여기 와 있네. 내년이면 몽골을 알고 지낸 지도 10년째 되는 해였다. 2009년 열아홉의 나이로 처음 이 땅을 밟았었는데 언제 이렇게 시간이 흘렀는지 모르겠다. 나는 악착같이 몽골과 함께하려고 했고 내 인생에서 몽골은 이미 커다란 부분을 차지하고 있었다.

2 0

1 9

비행기 한두 번 타 보나?

역시 휴가는 달콤하고 짧았다. 빠른 3주가 지나고 나는 공항에 와 있었다. 점심을 먹으며 오빠와 나는 여유를 부리고 있었다. 우리는 비행기 안으로 들어갈 수 있는 시간을 수속 밟으러 들어가는 시간으로 착각한 것. 한마디로 비행기 뜨기 30분 전에 체크인하려고 줄을 선 거였다. 맙소사! 이럴 때도 사람은 '심쿵'한다. 빨리 여권을 들이밀고 수속이 끝난 후 게이트로 달리기 시작했다. 다행히 가까운 게이트였고 1분 남기고 여권과 티켓을 보여 주고 비행기 안으로 들어갈 수 있었다. 그 수백 명의 눈들이 나를 보고 있는 그 기분이란 말로 표현할 수 없다. 맨 마지막으로 내가 탑승한 후 비행기 문이 닫히는 소리가 들려왔다. 하, 정말 한두 번 타 보는 것도 아닌데 정말 비행기 놓칠 뻔했다.

해가 떠오르는 더르너드

수도 단원 선생님과 나는 더르너드라는 지역에 가기로 했다. 버스로 13시간. 저녁 6시 차를 타고 다음 날 아침 7시 넘어서 도착할 수 있었다. 버스 안 창문은 얼음으로 덮여 있었다. 나는 창가 쪽에 앉아 더 추웠지만 껴입고 갔기 때문에 버틸 수 있었다. 버스에서 내린 후 택시를 타고 더르너드에 사는 단원 집에 도착했다. 우리는 함께 한국 음식도 해 먹고 같이 영화도 보고 사진도 찍고 근처 공원에도 산책을 갔었다. 역시 오길 잘했다는 생각이 들었다. 하루는 차를 하나 구해서 더르너드 근처를 구경하게 되었다. 칭기즈칸 어머니 동상도 있었고 전쟁을 기념하는 기념탑도 있었다. 더르너드는 몽골의 최동쪽에 위치해 있는 아이막(도)이고 첫 느낌은 역시나 고요했다. 특히 울란바토르보다 유난히 큰 개들이 많이 지나다녀서 무서웠다.

우리는 짧은 시간을 함께하고 다음을 기약하며 헤어졌다. 울란바토르로 가는 버스에 몸을 싣고 또다시 13시간을 달렸다. 처음 가 본 지역이라서 더 기억에 남았고 지방단원들에게 조금이나마 힘이 된 것 같아서 기분이 좋았다.

차강사르

몽골의 제일 큰 명절 설날, 몽골어로는 차강사르다. 이날은 전통 옷인 델을 입고 친척집과 지인 집으로 찾아가 보쯔(양고기 만두)를 먹고 다 같이 시간을 보낸다. 세배도 하고 전통놀이인 샤가이를 하면서. 차강

사르가 끝나고 다음 주인 월요일에 출근을 했더니 아이들은 아무도 오지 않았다. 마치 약속이라도 한 것처럼. 그다음 날 몇몇 아이들은 델을 입고 학교에 왔다. 학교 선생님들도 델을 입은 모습이 보였다.

몽골 전통 의상 델(Deel)은 한복과는 달리 보통 한 겹으로 된 길고 품이 넓은 가운 형식이고 중간에 장식 띠로 허리 부분을 묶는다. 요즘에는 간편 하게 상의로만 제작된 델을 입는 경우도 있다. 평소에도 입지만 주로 명절 때 입는다. 수도에서는 델을 입은 사람을 찾기 어렵지만 몽골 시골에 가 보면 나이 많은 어르신들이 델을 입고 있는 모습을 볼 수 있다. 또한 델은 겉옷이나 담요로 쓰이기도 하고 초원에서 볼일을 볼 때 몸을 가리는 가리 개로도 활용된다. 옛날 교환학생 시절 고비 알타이 몽골 친구 집에서 하룻 밤 자게 되었는데 그때 이불이 없어서 델을 덮고 잔 기억이 있다.

나도 델을 살까 하고 고민만 하다가 지금까지 사지 못했다. 나만의 델을 입을 날이 오겠지? 나는 수업 시간에 윷놀이를 설명하고 학생들과 같이 해 보는 시간을 가졌다.

2019 첫 초대

명절이 끝나고 친구들을 초대했다. 메뉴는 짜장밥. 거의 20인분을 해야했다. 접시와 그릇을 간편하게 일회용으로 하고 밥을 지어 놓고 짜장 가루를 물에 풀고 채소를 썰기 시작했다. 조금 일찍 온 친구들이 양파껍질을 까 주었다. 몽골 양파는 유난히 매워서 무조건 울게 되어 있다. 우리는 다같이 울었다. 그리고 당근을 썰기 시작했다. 당근을 많이 썰었더니 손이 주황색이 되었다. 큰 냄비 두 개에 짜장 소스를 대기시켜 놓고 나니 한두 명씩 도착하기 시작했다. 친구들은 맛있게 먹어 주었고 짜장도 밥도 동이났다. 저번보다 더 많은 친구들이 우리 집에 온 날이었다.

홉스골 얼음축제

매년 3월 몽골 사람들은 꽁꽁 언 홉스골 호수위에서 얼음축제를 즐긴다. 겨울이 끝나가고 봄이 옴을 알리는 축제이기도 하다. 난생처음 가 보는 홉스골 지역과 궁금하던 얼음축제! 다행히 축제가 주말이어서 다녀올 수 있었다. 차편과 숙박까지 포함된 패키지 여행업체가 있다고 해서 그곳에 신청을 하고 친한 몽골 모녀와 수도 단원 선생님까지 우리 넷은 금요일 저녁에 홉스골로 향했다. 더르너드 이후로 버스에서 자정을 넘긴 건 처음이었다.

정신을 차려 보니 토요일 아침이었다. 숙소에 짐을 풀고 얼음축제가 열리는 현장으로 갔다. 이렇게 언 호수 위를 걷고 있다니 기분이 이상했다. 공기가 차가웠지만 이런 대형 스케이트장을 또 언제 와 보겠는가. 겨울왕국 실사판이 따로 없었다. 그곳에는 말이 끄는 썰매를 타는 사람들도 있었고 얼음으로 만든 조각들, 갖가지 특산품들이 즐비했다. 우리는 5,000투그릭을 내고 말 수레를 탔다. 그렇게 빠르진 않았지만 은근 속도가 있었다. 얼음 위를 달리니 너무 재미있었다.

몽골에서만 즐길 수 있는 것이었다. 다른 세상에 온 것만 같았다.

그렇게 아쉬움을 뒤로하고 달리고 달려 월요일 새벽에 울란바토르에 도착할 수 있었다. 타이트한 일정이었지만 재밌었다.

요리 수업 1

학생들이 원하고 바랐던 요리 수업을 드디어 하게 되었다. 첫 번째 요리 수업은 3학년 학생들과 진행했다. 먼저 3조로 나누고 3가지 음식을 하게 되었다. 제육볶음, 갈비찜, 닭볶음탕. 그런데 요리 수업이라기보다 학생들은 종강파티쯤으로 생각한 것 같았다. 음료수와 다과를 사 온 팀도 있었고 아예 만들어진 제육볶음 소스를 사 온 팀도 있었다. 그래서 다른 학년 요리 수업 때는 이렇게 하지 말아야겠다는 교훈을 얻는 시간이었다. 다행히 아이들은 즐거워했고 아무 사고 없이 잘 마칠 수 있었다.

두 번째 맞이하는 졸업식

　나에게는 두 번째 맞이하는 졸업식이었다. 첫 수업 날 자기소개도 못해서 나에게 멘붕을 안겨 준 학년이었지만 다 여자 아이들이라서 더 마음이 갔었다. 그동안 엄마가 된 학생도 있었다. 전통대로 3학년 학생들이 학과 교실을 꾸몄고 인사말과 선물을 준비해서 축하해 주었다. 3학년 학생들은 벌써 본인들 졸업식 때 내가 없다고 엄청 서운해했다. 이날 5월임에도 불구하고 눈이 왔다. 도통 예측할 수 없는 매력이 쏟아지는 나라 몽골. 졸업하는 학생들을 보니 시간이 정말 빨리 지나가고 있음을 느낄 수 있었다.

요리 수업 2

4학년과 함께하는 요리 수업이었다. 나는 방식을 조금 달리했다. 사다리 타기를 해서 조원들을 섞었고 메뉴는 하나로 통일했다. 닭볶음탕으로. 나는 레시피를 적어 전날에 공부하고 재료와 식기류는 조끼리 얘기해서 분담하게 했다. 메뉴가 하나이니 오히려 수월했다. 먼저 닭을 씻어서 식초 물에 담근 다음, 끓는 물에 5분 데친 후 다시 한번 씻고 중불에서 뚜껑을 닫고 양념장을 만들어서 넣고 끓였다. 요리를 하는 속도가 조마다 달랐지만 완전 성공적이었다. 이렇게 맛있게 될 줄은 상상도 못했는데 기분이 좋았다. 직접 만들어 먹으니 맛있고 또 한국 음식 하나를 이제 집에서도 제대로 할 수 있게 되었다며 학생들은 좋아했다. 안 했으면 후회할 뻔했다.

뷰 맛집

　내가 사는 집은 13층이었는데 특히 창이 넓고 커서 뷰가 아름다운 집이었다. 매일 몽골의 하늘과 저녁 야경을 공짜로 감상하곤 했다. 창가에 앉아 있으면 시간 가는 줄 모르게 창밖 풍경에 빠져 있었다. 하루하루 색깔이 달랐고 나는 그것을 카메라로 찍기 시작했는데 어느새 취미가 되어 있었다. 비 오고 흐린 날은 그런 날대로 운치가 있었고 어느 날은 피터팬이 앉아 있을 법한, 굉장히 뾰족한 바나나 모양의 달이 떠 있었다. 그리고 광장에서 행사를 하는 날이면 집에서 나만의 폭죽 쇼를 볼 수 있었다. 색감이 정말 예뻤다. 이런 하늘과 마주해 매일 볼 수 있다는 게 감사했다. 나는 최대한 눈에 많이 담아 놓기로 했다. 그 시간만큼은 아무 방해 없이 자연의 위로를 받는 시간이었다.

에코이카 행사

한국어교육 분야로 활동 중인 단원이 협력 활동을 계획했다. 환경과 관련된 협력 활동이었고 6월 1일 몽골 어린이날에 진행되었다. 나는 분리수거팀이었다. 종이, 유리, 플라스틱 등 분리수거 박스를 놓고 앞에 설명을 붙여 놓은 뒤 쓰레기 모형을 던지게 하여 분리수거를 알려 주는 역할이었다. 나는 아침부터 오후까지 아이들의 눈높이를 맞추느라 계속 앉았다 일어나기를 반복했었다. 밀고 들어오는 아이들과 학부모들 때문에 정신이 없었지만 몽골 아이들이 분리수거에 대해서 조금이나마 배웠기를 바라며 곡소리를 내면서 집으로 귀가했다.

더르너드, 한 번 더!

7월이 되었고 여행에 목말라 있던 나는 더르너드를 여행하기로 했다. 13시간 버스를 타고 혼자 더르너드에 가게 된 건 처음이었다. 살짝 긴장했지만 버스 옆자리에는 할아버지가 앉으셨다.

다음 날 아침 구해 놓은 기사가 왔고 젊은 남
자애였다. 우리가 가는 지역은 최동쪽에 있는
할흐걸 동네였는데 그곳까지 9시간이 걸릴 줄
은 생각도 못했다. 가는 동안 멀미가 심해 뒷
자리에 앉았다가 조수석에 타게 되었는데 다
행히 한결 나았다. 몽골 노래를 몇십 곡씩 열
창하는 나를 보며 운전하던 몽골남자애는 나
를 신기한 듯 쳐다봤다. 끝나지 않을 것 같던
길을 9시간 달리고 난 후 땅을 밟을 수 있었
다.

　그 지역은 나담 축제가 한창이라 정신이 없었다. 우여곡절 끝에 호텔방
을 구해 저녁을 먹었다. 정말 시골다웠다. 낯선 곳에서의 하룻밤이었다.

　아침이 되었고 기사는 우리를 씻을 곳으로 안내해 줬다. 한 2평쯤 되는
곳에 샤워기로 추정되는 것이 있었다. 부랴부랴 물이 나오는 대로 머리를
감고 차에 올랐다. 음식점 같지 않은 게르에 들어가 호쇼르(튀김만두)로
배를 채우고 우리는 전쟁기념관으로 향했다. 할흐골 전투가 유명했는지
전쟁기념관은 물론이고 곳곳에 승리를 기념하는 기념탑이 있었다.

그중 가장 큰 기념탑은 단연 눈에 띄었는데 이곳의 상징이었다. 1939년 일본이 소련에 이어 세계 두 번째로 성립된 사회주의 국가이던 몽골을 두 나라의 국경 근처 할흐강에서 기습하면서 할흐골 전투는 시작되었다.

박물관 안에 있는 그 당시 사진만 봐도 이 전투가 얼마나 치열했는지 알 수 있었다. 이 전투는 곧 소련-몽골 연합과 일본의 전투로 번지기 시작했고, 곳곳에 러시아어와 참전했던 러시아 군인들의 흔적이 있었던 이유도 소련군과 몽골군이 연합을 했기 때문이었다. 이 전투는 양측 합의로 종료되었지만 수많은 사상자를 내었다고 했다.

그리고 한 가지, 몽골로서는 일본의 침략을 막아 냈다는 커다란 자부심을 전쟁기념관에서 느낄 수 있었다. 전쟁기념관 안에는 그 당시 참전했던 영웅들의 이름이 빼곡히 적혀 있었고 기념탑 곳곳에는 러시아 군인들이 놓고 간 꽃들로 가득했다.

할흐골 동네를 제대로 구경한 우리는 2시간 남짓 차를 타고 달렸다. 도착한 군사 지역에는 돌로 만들어진 대형 석가상이 누워 있었다. 이곳도 더르너드의 랜드마크 중 하나였다. 생각보다 크진 않았지만 신기했다. 그리고 오늘의 마지막 행선지 보이르 노르(호수)로 향했다. 개인적으로 제일 기다리고 기대했던 곳이었다. 저녁 8시가 지나서 도착했고 그날 바로 호

수를 보지 못하고 게르 캠프에 짐을 풀었다. 여러 개의 게르 바로 옆에 건물이 하나 있고 식당 겸 게르 캠프 주인집인 것 같았다. 끼니마다 그곳에 가서 식사를 하였고 저녁을 먹었는데 너무 맛있었다.

밤새 조금 추웠지만 잘 잤다. 오늘은 하루 종일 보이르 노르를 볼 수 있는 날이었다. 숙소에서 조금 떨어져 있었고 호수 쪽으로 걸어갔는데 아무것도 보이지 않아서 호수가 있는 거냐며 의구심을 가졌지만 조금씩 눈에 보이는 호수 모습에 감탄을 자아낼 수밖에 없었다. 몽골 최동쪽 호수를 걷고 있다니 꿈만 같았다. 정말 크고 끝이 없었다. 태양이 내리쬐고 있었고 우리는 사진을 찍기에 바빴다.

한 3~4시간을 구경하고 점심을 먹고 또다시 호수로 향했다. 몽골어로는 호수라고 하지만 바다와 다름없는 크기였다. 저녁을 먹고 해질 무렵 비가 그치고 보이르 노르에 비치는 석양이란…. 이루 말할 수 없이 아름다웠다. 입에서 나오는 말은 그저 "와~"일 뿐이었다. 너무 멋있었다. 시원한 바람, 출렁이는 물결, 호수에 비쳐진 석양… 모든 게 완벽했다. 너무 아쉬운 마지막 밤이었다. 숙소로 돌아와 별만 떠 있는 그곳에서 핸드폰으로 불빛을 비춰 가며 겨우 세수와 양치를 했다. 보이르 노르는 나의 마음속에서 잊히지 않을 것이다.

그다음 날 버스기사님이 베스트 드라이버이신지 11시간도 안되어 울란
바토르에 도착할 수 있었다. 우리는 엄지손가락을 치켜들었다. 정말 잊지
못할 여행이었다.

선미투어 2

오빠가 몽골에 오기로 했다. 그는
새벽 비행기도 운치 있을 거라며 일
요일 저녁 일정을 마치고 공항으로
향했다. 그런데 비행기는 안개로 인
해 연착되었고 비행기 시동을 끄고
내리는 차장을 봤다고 했다. 공항에 같이 가기로 한 몽골 친구 자기에게

실시간으로 오빠의 상황을 생중계했고 연착되었음을 알렸다. 대충 우리끼
리 시간을 맞추어 만나기로 하고 나는 3시간 정도 눈을 붙일 수 있었다. 아
침 6시에 친구에게서 전화가 왔고 공항에 도착해 얼마 지나지 않아 오빠를
만날 수 있었다. 다음 날 남사친 자기와 오빠는 구면이라고 꽤 어색함이
없었다.

우리는 오늘 미니사막을 가기로 했고 오빠가 처음으로 낙타를 타는 날
이기도 했다. 가는 길에 점심을 먹고 4시간 넘게 달려 도착한 미니사막. 나
는 1년 만에 다시 온 셈이다. 우리 남매는 사이좋게 낙타를 타고 사막을 걷

기 시작했다. 자기는 고맙게도 연신 우리 사진을 찍어 주었다. 처음 낙타를 타는 오빠는 굉장히 편안해했다. 남는 건 사진뿐이라며 사막에 모래까지 공중에 뿌려 가며 셔터를 눌러댔다. 그리고 돌아오는 길에 몽골 노래를 부르며 오빠는 운전을 오래한 몽골 친구의 어깨를 주물러 주었다. 오빠가 와서 좋았다.

드디어 오늘 띠동갑 선배님과 오빠가 만나는 역사적인 날이었다. 서로 10년간 이야기만 들었지 서로 만난 적은 한 번도 없었다. 두 남자의 첫 만남에 내가 다 떨렸다. 하필 선배님이 바쁜 날이서서 여유롭진 못했지만 그래도 시간 내 주서서 감사했다. 앞으로 자주 보기로 하고 헤어졌다.

오빠는 몽골의 물을 보기 원했다. 마음 같아선 홉스골로 가고 싶었지만 시간상 그럴 수 없었다. 다음 여름을 기약하고 자기는 다음 날 아침 우리 집 앞에서 기다리고 있었다. 몽골 친구와 나는 어디를 갈까 고민하던 중 헨티 아이막(도)으로 가기로 했다. 나도 처음 가는 도시였다. 거기에 옛날 칭기즈칸과 군대들이 호수에서 물을 마셨다는 전설이 전해지는 곳이 있다고 해서 그곳으로 향했다. 자기도 처음 가 보는 초행길이었다. 걱정이 되었지만 몽골 사람들은 어떻게 해서든 찾아가는 걸 알기 때문에 마냥 신났었다. 날씨는 흐렸고 또 한 명의 친구를 데리고 넷이서 함께 가게 되었다.

울란바토르에서 출발한 지 4시간 정도 흘렀을까. 길을 물어물어 산을 넘고 언덕을 넘어도 나오지 않을 것 같았던 호수가 떡하니 내 눈앞에 펼쳐졌다. 신기했다. 비가 내리고 있었지만 우리는 금을 발견한 듯 사진을 찍었다. 그리고 호수로 향하는 곳에는 나무 조각들이 많았다. 칭기즈칸과 함께했던 9명의 용사들과 칭기즈칸의 조상들을 표현해 놓았던 것. 정말 호수에서 칭기즈칸과 그의 군사들이 물을 마시고 있을 것만 같았다. 몸은 피곤했지만 공기도 맑고 좋았다. 오빠 양쪽에 있는 몽골 친구들은 20대라는

건 안 비밀. 나보다 동생들이라는 것도 안 비밀. 그리고 울란바토르로 돌아오는 길에 나의 포토존, 바그노르 라는 시의 동상에서도 사진을 남겼다. 벌써 오빠를 보내는 날이 다가오고 있었다.

마지막 날은 푹 자고 일어났다. 끼니를 때우고 수도 울란바토르를 조금 둘러보았다. 캐시미어 매장도 한 번 더 가고 광장도 거닐고 마지막으로 카페도 갔다. 조금 벅찬 일정이어서 진지한 대화를 나누지 못했지만 이곳저곳 몽골의 시골도 보여 주고 나와 친한 지인들도 만나고 아주 뜻깊은 시간이었다. 그리고 마지막은 항상 몽골 언니와 함께였다. 집에 초대해 줘서 저녁을 맛있게 먹었다. 몽골 언니네 부부는 신발가게 사장님들이어서 오빠에게 수제구두를 선물했다. 우리 셋은 공항으로 향했고 몽골 언니 덕분에 오빠와 헤어지고 오는 길이 외롭지 않았다.

선미투어 3

오빠가 가고 일주일도 안 되어서 친구가 왔다. 우리는 14살 때부터 친구였는데 역시 내가 몽골에 있을 때 꼭 오기로 한 친구였다. 나는 누구와 함께 공항에 가야 할지 고민하다가 체육교사인 친구에게 연락을 했는데 혼

쾌히 함께 가 주었다. 저녁 비행기였고 친구를 데리고 집에 왔을 땐 이미 잘 시간이었다. 다음 날 몽골 친구 보이나에게 운전을 부탁해서 테렐지 국립공원으로 가게 되었다. 비가 오고 흐린 날의 연속이었지만 친구가 짧은 일정으로 온 탓에 빡빡한 스케줄을 강행할 수밖에 없었다. 그런데 신기하게도 우리가 칭기즈칸 동상에 도착하자 해가 나왔다. 우리는 사진을 열심히 찍고 거북바위로 향했다.

집으로 오는 길에 배고파서 게르에 들어가 호쇼르를 먹었는데 친구는 의외로 맛있다며 잘 먹었다. 조금 이른 저녁 집에 도착했고 나는 친구에게 월남쌈을 해 주었다. 그리고 우리는 백화점으로 향했고 가까스로 환전을 할 수 있었다. 7, 8월에는 성수기라서 돈을 환전하는 사람이 많기 때문에

몽골 화폐가 모자랄 정도였다.

환전을 마치고 오는 길에 조명이 켜진 수흐바타르 광장에서 1시간 반 동안 벤치에 앉아 이야기를 나누었다. 몽골국기가 마치 CG처럼 예쁘게 바람에 펄럭이고 있었다. 그걸 보고 있는데 그저 행복했다.

마지막 날은 역시나 몽골 언니와 함께였다. 자이승 전망대도 보여 줄 겸 그 근처에서 우리는 맛있는 저녁을 먹었다. 높은 곳에 올라가니 마음이 탁 트였다. 몽골 언니는 우리를 부러워했다. 젊은 나이에 친구끼리 외국에서 만나 여행하는 게 흔한 일은 아니라며. 마찬가지로 몽골 언니 덕분에 공항에서 우는 일은 벌어지지 않았다. 쓸쓸한 기분마저 말끔히 사라졌다.

타고난 인복

드디어 교수님들을 집에 초대했다. 우리 대학교에서 중국어와 일본어를 가르치는 교수님들이셨는데 모두 다 좋은 사람들이었다. 성격 좋은 사람들만 모아 놓은 것 같았다. 몽골에서도 나의 인복은 여전했다.

나는 제육볶음과 김치찌개를 했고 교수님들은 케이크와 다과를 사 오셨다. 우리는 학교 이야기로 대화가 끊이질 않았고 7시간이 훌쩍 지나 있었다.

한편으론 교수님들이 우리 집 위치를 알게 되어 좋았다. 사실 외국에서 사는 일이 쉬운 일은 아니다. 특히 아프거나 긴급 상황이 발생했을 때에는 우리 집 위치를 현지인들이 아는 게 좋을 수 있다. 모든 사람에게 알려야 한다는 게 아니고 현지인 중에서도 마음이 통하고 믿을 만한 사람에게 알리자는 것이다. 우리 집 위치를 알게 된 게 천만다행이었던 사건이 며칠 후 일어날지 그 누가 알았겠나.

영양실조

코이카 단원들은 현지에서 3개월치 생활비를 일시불로 받는다. 쉽게 말하면, 3월까지의 생활비가 1월에 한 번에 들어온다는 것. 그래서 좋은 점도 있는데 안 좋은 점이 더 많다. 잘 조절해서 쓰지 않으면 금방 알거지 신세가 되고 만다. 사실 이번 여름 7월에 여행도 가고 오빠와 친구가 2연타로 와서 9월까지의 생활비를 거의 다 써 버렸다. 정말 9월 어떻게 버티나 걱정이 태산이었다.

9월이 시작된 어느 날 아침, 자고 일어났는데 머리가 핑 돌기 시작했고

서 있을 수조차 없이 어지러워서 학생들에게 휴강을 내리고 출근을 하지 못했다. 그런데 다음 날 아침 목까지 잠겨 있어서 불안했다. 그래서 한국 의사선생님이 계신 한의원으로 찾아갔고 한약을 조금 처방받아 왔는데 나아지진 않았다. 그 상태로 쭉 가기에 증상을 검색해 보니 영양실조였다. 그럼에도 불구하고 출근해서 수업을 하는 나를 보며 교수님들은 걱정했다. 하필 잘 먹어야 할 시기에 생활비가 끝났으니 나에게는 정말 힘든 시간이었다. 그럴 때마다 교수님들이 돌아가면서 끼니를 사 주셨고 집까지 찾아와 약을 주고 간 적도 있었다.

급기야는 안 되겠다며 학부장 교수님은 아는 지인의 병원에 전화해 수액을 맞혀 주셨다. 몽골에서 피만 뽑아 봤지, 몸에 바늘을 꽂아 수액을 넣어 본 적은 처음이었다. 사실 굉장히 불안했지만 노란색인 걸 보니 비타민인가 보다 했다. 불안해하는 나를 보며 교수님은 본인도 맞겠다며 앉으셨다. 시간은 저녁 8시를 향하고 있었고 당직을 서는 간호사 언니가 오더니 물어볼 새도 없이 바늘을 내 몸에 꽂고 있었다.

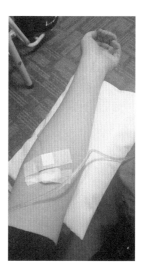

우리는 1시간 남짓 나란히 수액을 꽂고 앉아 있었다. 병에 있는 노란색 물이 끝나가자 마지막에 조그만 유리병에 들어 있는 하얀색도 투여했다. 갑자기 바지에 오줌을 싼 듯 몸이 뜨거워졌다.

"이거 너무 뜨거운데요?"

"뭐하고 있어. 빨리 코로 숨 쉬고 입으로 내뱉어."

시키는 대로 10번 정도 했더니 간호사 언니는 물었다.

"어때, 이제 괜찮지?"

"네."

이상한 경험이었다. 알고 보니 한국어로 직역해 봐도 그 주사의 이름은 '불주사'였다. 정말 주사의 효과 덕분인지 하루하루 감기약에 의지하여 살아가던 나는 몸이 회복되는 것을 느꼈고 계속 걱정하시던 교수님들은 그제야 한시름 놓을 수 있었다.

다음을 기약하며

몸이 많이 회복되었고 생활비도 들어왔다. 그리고 나의 귀국 날도 가까워지고 있었다. 주말을 맞이해 교수님들과 학부장 교수님의 여름 집으로 향했다. 언덕 아래에 예쁜 통나무로 지은 이층집이었다. 정원에는 그네도 있었다. 점심을 먹고 교수님들과 언덕 위로 올라가 보았는데 경사가 조금 있어서 거의 등산하는 수준이었다. 공기는 너무 맑았다.

교수님들은 내가 조금 일찍 한국에 가게 된 걸 알고 계속 아쉬워했었다.

정말 좋은 분들이었고 그새 정이 많이 들었다. 이 학교에 파견된 것, 이분들을 만나게 된 것 모든 게 나에게는 행운이었다. 우리는 다음을 기약하며 꼭 다시 만나자고 약속했다.

짧지만 강렬했던

이번 학기 수업은 2개였다. 3학년 수업 하나, 그리고 2학년 단어 수업을 하게 되었다. 2학년 학생들하고는 처음 만나는 날이었다. 귀국할 날이 다가오는데 새로운 학생들에 대한 설렘이라니. 하지만 첫 수업은

언제나 떨리고 설렌다. 나를 처음 보는 학생들의 눈빛이 잊히지 않는다. 내가 생각보다 너무 젊었던 모양이다. 그리고 몽골어로 자유자재로 말하는 나에게 매료된 표정들이었다. 단어 수업이라서 수업준비는 간단했다. 매시간 단어시험을 봤고 잘 외운 학생들에 대한 보상은 컸다.

나는 짐정리를 하면서 꽤나 괜찮은 물건들을 학생들에게 주고 싶었는데 그냥 주기는 그렇고 비록 쪽지시험이었지만 다 맞은 학생들부터 5개 이하 틀린 학생들에게 사전과 보조배터리, 공책 등 대학생활에 유용한 것들을 주었다. 단어를 외우고 싶게 만드는 욕구는 확실히 충족시켜 준 것 같았다.

한 학생이 물었다.

"선생님, 다음 시간 단어시험은 다 맞을 거예요. 근데 상품 뭐예요?"

나는 대답할 수 없었다. 질문을 했던 그날이 마지막 수업시간이었기 때문에.

수업 종료 20분 전 나는 어렵게 입을 뗐다.

"얘들아, 선생님이 할 말이 있어. 오늘 사실 마지막 수업이야."

학생들은 믿을 수 없다는 표정으로 나를 바라보며 온몸으로 아쉬워했다.

"생각보다 조금 빨리 한국에 가게 되었어. 비록 한 달 정도만 수업을 했지만 너희들을 만나서 너무 행복했다. 선생님 가더라도 단어 잘 외우고. 외국어는 단어가 생명이야. 특히 너네 2학년 때 단어를 많이 외워둬야 3, 4학년 올라가서도 수월하다. 알겠지? 연락 자주하고 물어볼 거 있으면 물어보고. 자, 쿨하게 헤어지자."

너무 쿨한 나의 모습에 학생들은 더 서운해했다. 그 뒤로 자신이 받은 상품들을 스토리에 올리는 학생, 긴 장문의 편지를 메신저로 보내는 학생들이 여럿 있었다.

나의 사랑, 울란바토르

나는 떠날 준비를 하며 사랑하는
울란바토르의 모습들을 담기 시작
했다. 자주 다녔던 출퇴근길도 동
영상으로 찍고 내가 2년 동안 거처
했었던 집도 동영상과 사진들로 남
겨 두었다. 이 집과는 정말 마지막
이 되겠지? 저번처럼 내가 살던 집
에 다시 들어와 볼 수 있을까? 집주
인과는 정말 사이좋게 지내다 왔으

니 살짝 기대해 볼만도 하다. 그때 거주하는 사람이 없다면 말이다.

울란바토르를 중심으로 난 길을 톱 잠(중앙길)이라고 하는데 정류장마
다 울란바토르를 대표하는 주요 시설들이 자리 잡고 있었다. 그래서 카메
라로 수흐바타르 광장도 찍고 백화점도 찍고 광장 맞은편 블루스카이라는
건물도 찍었다. 그리고 우리 집 근처에 있어서 자주 갔었던 샹그릴라 호텔
건물도 사진기에 담아 두었다. 내가 쓰던 교무실 책상, 광장 옆 중앙우체
국, 우리 집에서 내려다보이던 노란낙엽 가득한 가을의 산모병원, 매일 밤
함께했던 선미하우스 야경과 잠들던 내 방, 내가 몸담고 있던 학교, 한국
으로 비행기를 타기 전 앉아 있던 몽골공항 안의 모습까지… 카메라에 담
아 한국에 같이 왔다. 나의 사랑 울란바토르, 잠시만 안녕!

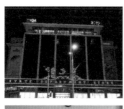

마지막 편지

  학생들과 마지막으로 롤링페이퍼를 썼다. 나에 대한 글들이 한 종이에 가득 차 있고 손으로 직접 써 주니 종이일 뿐이지만 나에게 주는 힘은 꽤 크다. 나와 제일 많이 수업을 하고 정이 든 건 2019년의 3, 4학년 학생들이었다.

〈3학년 학생들 롤링페이퍼 전문〉

선생님 당신을 너무 좋아합니다. 그동안 같이 행복해서 정말 고맙습니다. 다시 함께 있고 싶지만… 시간이 왜 이렇게 빨리 갔을까요? 함께했던 시간들 모두 잊지 못해요 선생님. 제가 공부를 끝내주게 잘하지 못하더라도 인내심을 가지고 할게요. - 치메드체렝

우선 너무 감사합니다. 우리 같이 3년을 지냈어요. 당신의 수업은 정말 특별해요. 그냥 함께 있으면 좋겠어요. 처음엔 차가운 사람이라고 생각했어요. 지금은 사랑하고 감사합니다. 선생님과 같이 있으면 너무 좋아요. - 에르덴솝드

이 시간까지 함께 보낸 날들 즐겁고 재밌게 해 주신 선생님께 정말 감사합니다. 선생님, 당신을 절대 잊어버리지 않을게요. 사랑해요. 최고 선생님 - 아셀

선생님께 너무 감사합니다. 3년 동안 저희에게 한국어 가르쳐주시고, 많은 것을 교훈해 주신 것에 매우 감사드려요. 선생님은 최고에요. 선생님 가고 나서 많이 생각날 거에요. 선생님 사랑해요. - 델게르만달

다른 친구들을 생각하면 오래 있지 않았어도 지난 몇 달 동안 우리들을 위해서 수업해 주신 것 감사합니다. 잘 가세요. 항상 연락해요. 여름에 한국 가면 만나요. 고기 사주세요. 저 또한 집에 음식해서 초대할게요. - 터드게렐

많은 것 가르쳐 주신 것 감사합니다. 선생님은 정말 잘 웃으세요. 모든 일을 건성으로 하지 않고 힘찬 선생님께 감사합니다. 선생님 사랑하고 감사합니다. 화나게 했다면 죄송해요. 한국에 가면 꼭 만나요. 잘 가세요. - 데.아노다르

대학생 시절의 3년을 선생님과 함께 했어요. 그동안 선생님의 조금 급하지만 추진력 있는 스타일이 능숙하고 자랑스럽게 느껴졌었어요. 정말 훌륭하고 거의 못하는 게 없을 거라고 생각 들 정도로요. 그리고 졸업하고 선생님을 만나러 간다고 생각하고 있어요. 사랑해요 선생님. - 너밍

처음 보고 엄청 젊다라고 생각했었어요. 그런데 젊은 사람이라고 생각이 안 들 정도로 매우 지혜롭고 교육적인 사람이었습니다. 그리

고 몽골어로 엄청 잘 이야기하고요. 저희들 교육하기 위해서 선생님 고생 많이 하셨어요. 항상 저희를 위해 계셔 주신 거 매우 매우 감사드려요 선생님. 이렇게 선생님이 가실 때가 되었네요. 3년 동안 많은 것을 배웠습니다. 선생님 잘 가세요. 저희를 잊지 않으실 거라는 거 믿어요. 정말 감사합니다. – 솝드냠

우선 선생님께 감사합니다 라고 말하고 싶어요. 우리는 만난 지 거의 2년이 됐어요. 그동안 자주 진심으로 도와주셨어요. 또 제가 토픽 시험 4급을 받은 것은 바로 선생님 덕분에 받은 것이라고 생각해요. 한국어 수업을 열심히, 좋게 가르쳐 주는 선생님이에요. 대학을 졸업해서 꼭 한국에 갈 거에요. 한국에 갈 때 토픽 6급 받고 또 장학금도 받고 나서 선생님하고 만나고 싶어요. 사랑해요 잘 가세요 선생님. – 졸체책

처음에 보고 당신을 선생님이 아니고 같은 대학생이라고 생각했는데 선생님이었어요. 그래서 선생님에 대해 많이 알기를 원했어요. 그리고 선생님이 우리에게 수업을 하고 오랫동안 항상 저희에게 열심히 하라고 힘써주셨어요. 저희가 그만큼 노력을 안 해서 그렇지 선생님은 항상 노력하셨어요. 항상 도와주시고 격려해 주셔서 감사해요 선생님. – 생자야

안녕하세요 선생님. 선생님은 가장 멋있는 선생님이에요. 그리고 너무 예뻐요. 그리고 지난 시간들 너무너무 감사합니다. 함께했던 모든 시간들 추억이 가득하고, 재미있고, 교훈도 많고, 많은 것을 배운 시간들이었어요. 한국에 가서 저희를 잊지 마세요. 이번 여름에

꼭 한국에서 만나요. 선생님 사랑합니다. - 게.아노다르

여기에 할 말을 다 못써요. 선생님에게서 배운 게 많았어요. 이렇게 곧 간다고 하니까 너무 아쉽습니다. 한국에 가서 선생님과 만나서 한국어로 대화할 거에요. 건강 잘 챙기고 계세요. 선생님께 감사하고 사랑해요. - 벌러르마

〈4학년 학생들 롤링페이퍼 전문〉

화나고 불편하게 했다면 죄송해요 선생님. 제가 생각할 때 최고의 선생님이에요. 본인 모습 그대로, 사교적인 좋은 마음을 가진 나의 선생님. 대학생 시절을 생각하면 선생님과의 추억과 연관되어 있어요. 앞으로 하시는 일, 일생에 행복을 빌게요. 사랑해요 선생님. - 보이나

선생님 사랑해요. 아주 감사합니다. 선생님과 만난 날부터만이 선생님이라는 직업의 진심을 이해했어요. 저희에게 많은 힘과 시간을 희생

해 주셔서 감사합니다. 곧 한국에 가서 만나요 선생님. – 게를레

정말 많이 감사합니다 선생님. 저희들이 힘들게 했다면 죄송해요. 잘 가시고 꼭 다시 오세요. 모든 것에 파이팅. 사랑해요. – 바트치멕

와 저의 예쁘고 정열적이고 솔직한 선생님. 수업 첫날 못 간 것에 대해서 지금까지 후회해요. 우리 선생님은 그림을 잘 그려요. 함께 많은 재미있는 것들을 하기를 바랐지만 못한 것에 아쉬워요. 그래도 괜찮아요. 저 한국에 가면 꼭 해 주세요 선생님. 선생님의 수업 방식에 대해 말해 뭐해요. 너무 훌륭했어요. 사랑해요. – 버기

한 마디로 말하자면 최고예요. 어떻게 대학생들을 위해서 그렇게 많은 마음을 들일 수가 있어요? 다른 선생님들과 비교하는 건 아니에요. 그리고 선생님 정말로 젊게 보여요. 처음에 보고 몇 살일까 라고 생각했어요. 그리고 연락 끊임없이 하다가 저희 학년 모두 한국에 가서 만나요 모두다. 행복하게 잘 사세요. 저에게 하고 싶은 말이 엄청 많아요. 다음에 편하게 이야기할게요. 파이팅 선생님. – 아리온 자르갈

몽골을 사랑하는 선생님께. 만나서 진심으로 기뻐요. 교실에 들어오는 모습과 이야기하는 모습을 다 잊지 않겠어요. 선생님을 만나지 않았으면 어떻게 해야 하는지 몰랐을 거에요. 말하고 싶은 게 너무 많지만 그 중에서 고맙다는 말입니다. 고향에 돌아가서 가족들에게 관심을 주고 행복하게 사는 걸 바랍니다. 그리고 잘 다녀오세요 선생님. – 데기

무엇보다 감사합니다 선생님. 저희들과 항상 동갑처럼 저희들의 친

구처럼 대해 주신 것도요. 가끔 보면 화난 것처럼 보여요 히히. 앞
으로도 항상 연락하고 지내요 선생님. 다시 몽골에 오면 꼭 만납시
다. 모든 것에 성공을 기원할게요 선생님. - 만도하이

정말로 잊지 못할 나의 사랑스러운 제자들이다.

내 사람들

나는 10월이 되자마자 부지런히 지인들을 만나기 시작했다. 몇 가정들
은 집에 초대해 월남쌈을 먹고 옷들과 주방용품들을 골라 가져가게 했다.
주는 일이 이렇게 행복한 일임을 다시 한번 실감했다. 때로는 우리 집에
서, 제자들과는 학교나 주변 카페에서 만나 다시 만날 기약을 했다.
만난 순서대로 나열하자면 다음과 같다.

우리 부모님과 만났었고 지금은 딸이 셋이 된 타미라, 자기 언니 부부,
가족들을 여름집에 초대해 주고 친언니처럼 잘 도와주는 간저릭, 냠카
언니 부부,
정말 오랜만에 만난 23번 학교 제자들 어느새 훌쩍 커버린 고3이 된 툽
싱, 칭궁, 후슬렝,
역시나 오랜만에 만난 23번 학교 제자들 지금은 벌써 고2가 된 산사르,

간체첵, 너밍,

몽골 남사친 보이나, 데미,

나의 소울메이트였던 몽골 언니네 게렐터드, 절러 언니 부부,

몽골 어벤져스 아므라, 샤가이 형,

몽골 친구 금수저 할리오나,

마음이 잘 통했던 의대생 한국 여동생 하경,

몽골 내 동생 어뜨너,

유난히 더 각별했던 제자 아노다르와 벌러르마,

이제는 대학생이 된 23번 학교 훈남 제자들 푸르웨와 아미라,

마지막 날 짬을 내서 만난 23번 학교 도야 선생님,

마지막 날 저녁 오랜만에 만난 기자 동생 다와.

너무나 알차고 행복했지만 동시에 조금은 슬펐던 10월이었다. 나는 만나는 사람들마다 영상편지를 찍었다. 카메라를 들이대자 사람들은 부끄러워했다. 나는 보고 싶을 때 나 혼자 볼 거라며 긴장을 풀어 주었다. 몽골 언니 오빠들과 내가 가르쳤던 학생들, 학교에서 동고동락했던 교수님들, 나의 몽골 친구들, 동생들 그리고 우리 집 경비 아저씨와 청소부 아주머니까지 총 70여 명의 사람들이 나에게 전하는 영상편지를 담아 왔다. 너무나 뜻깊은 나의 소중한 보물이다.

평범한 작별

마지막 날도 순탄치만은 않았다. 아침 10시까지 온다고 얘기했던 집주인은 9시에 벨을 눌러대기 시작했고 짐만 싸 놓고 무방비상태인 나는 서둘러 옷을 갈아입고 모자를 눌러 쓴 채 문을 열어 주었다. 나는 매우 당황했지만 침착하게 짐을 1층 경비 아저씨께 맡기고 앞집에 사는 단원에게 염치없이 전화해서 허락을 받고 대충 씻고 나올 수 있었다. 그게 우리의 마지막이었다. 그리고 중국어학과 교수님은 수업이 있었음에도 다른 선생님께 부탁을 했는지 본인 차를 끌고 우리 집으로 와서 짐을 싣고 단원 선생님 학교로 데려다주었다. 그 선생님 집은 공항 근처라서 하룻밤만 신세지기로 했었다.

선생님 집 열쇠를 받고 짐을 옮기고 긴장이 풀렸는지 나는 잠이 들었다. 우리는 점심을 함께 먹고 각자 일정이 있어 저녁에 만나기로 하고 나는 은행에 들러 모든 돈을 찾고 계좌를 폐쇄했다. 은행 일을 마치고 나서야 도야 선생님과 백화점에서 잠깐 만날 수 있었다. 30분 뒤 기자 동생과 오랜만에 만나 식사를 하고 귀가하려는데 몽골 언니에게서 전화가 왔다. 나는 귀국날짜를 아무한테도 말하지 않아서 못보고 헤어지나 보다 했다. 그런데 몽골 언니는 내일 한국 가는 게 생각났다며 나한테 전화를 했다는 것이었다. 우리는 카페로 향했고 1시간밖에 없었다. 마지막 밤 같지가 않았다. 그렇게 우리는 12시가 넘어서 헤어지고 5시간 후에 다시 만났다. 밖은 정말 깜깜했다. 공항으로 가는 차 안에서 우리가 듣던 몽골 노래를 들으며 언니는 말했다.

"아니 생각해 보니까 내가 지인들도 오빠도 다 데려다줬는데 정작 너 갈 때 안 데려다주는 게 말이 돼? 갑자기 자려고 누웠는데 나한테 부탁 안 했던 게 생각나더라고… 괘씸했어."

문득 생각해 보니 지인들이 왔을 때마다 항상 마지막을 함께해 주었던 언니였다. 그래서 나 갈 때만큼은 새벽에 신세 지지 말자는 생각으로 공항 근처에 사는 친구에게 부탁을 해 놨었는데 역시 당연한 듯 몽골 언니는 이미 본인이 데려다주는 걸로 생각하고 있었다.

어느새 공항에 도착했고 마취가 풀리듯 조금씩 실감이 나고 있었다. 정말 단둘이 공항에 오게 되다니 웃음밖에 안 나왔다. 우리는 한 번 안고 밝게 인사하고 헤어졌다. 분명 몽골은 겨울이었고 첫눈까지 내렸는데 착륙하는 비행기에서 내려다본 한국은 가을이었다.

나

그 리 고

몽   골

ⓒ 최선미, 2020

초판 1쇄 발행 2020년 6월 5일

지은이   최선미
펴낸이   이기봉
편집   좋은땅 편집팀
표지디자인   심재민
펴낸곳   도서출판 좋은땅
주소   서울 마포구 성지길 25 보광빌딩 2층
전화   02)374-8616~7
팩스   02)374-8614
이메일   gworldbook@naver.com
홈페이지   www.g-world.co.kr

ISBN   979-11-6536-435-9 (03910)

이 도서의 국립중앙도서관 출판예정도서목록(CIP)은 서지정보유통지원시스템 홈페이지(http://seoji.nl.go.kr)와 국가자료공동목록시스템(http://www.nl.go.kr/kolisnet)에서 이용하실 수 있습니다. (CIP제어번호 : CIP2020020971)